島崎信の言葉に学ぶ

現在とこれからの生き方・暮らし方

〔編著〕小泉 隆

はじめに

小泉　隆

スマートフォンらの端末に操られ、マニュアルに支配され、金融、業務評価、偏差値など、全てが数値に振り回される。ＡＩの恩恵と脅威にも溺れ始めている。我々は大丈夫か、便利さと引き換えに人間力は失われていないか。教育は大丈夫か、このまま皆が同じ方向を向いて進んでよいのだろうか。多様性の受け入れは本当の意味でできるのか。組織や地域の疲弊している様はどうだ。物や情報が自由に豊富に手に入る時代でもあるが、私たちの暮らしは本当の意味で豊かになっているのか。幸福度を初め、世界のさまざまなランキングで日本は低迷している。我々はそんな現代を生きている。

本書は、日本における北欧デザイン研究や近代椅子研究のパイオニアかつ第一人者で、またその領域を超えて幅広い活動をする、東京武蔵野美術大学名誉教授・島崎信氏の言葉に、現在とこれからの生き方及び暮らし方について学ぼうとしたものである。島崎信氏の北欧デザインや近代椅子を主とした数多くの著書や講演会などにおいては、もののデザインを中心に語りながらも、その内容は、人間の生き方、社会の在り方などにまで及び、分野を超えた様々な立場で生きる人をも魅了する。

北欧デザインの研究を行なってきた私自身も、島崎氏の著作や講演会での氏の言葉や主張に同感し、その言葉を頼りに、また時に勇気づけられながら活動を続けてきたところもある。

それらの言葉は、さまざまな問題に直面し、時に疑念も持ちながら現代を生きる我々に大きな示唆や勇気を与えてくれる。本書は、そのような氏の言葉にフォーカスすべく、刊行されている書籍、講演会での話、新たに行ったインタビューを原資料とし、その中から現代を生きる我々の心に響くと思われる約150の言葉を厳選し、実行力、学び、仕事、人間力、地域性などの項目に分類して示し、適宜、詳細解説や編著者による補足をつけたものである。

島崎氏に馴染み深い建築・デザイン関係者、北欧デザイン愛好家には、島崎氏の研究や活動のバックボーンを知る資料にもなるであろう。そして自分の生き方や働き方に悩んだり、変えようとしている人、組織改革や起業をしようと思っている人、教育関係者をはじめ、多くの人々に広く読んでもらいたい。

出版に際して

島崎　信

ある時小泉隆先生から、私の言葉を多くの人に伝えたいので、それらをまとめた本を作りたいとの要望があり、当初、躊躇したが、作ることになった。その刊行に際し、強く伝えておきたいのは、本書に掲載した私の言葉は、全くもって私のオリジナルというものではないということである。

本書に掲載した私の行動とすべてのことは、先人がやってきたことの知恵のなかにあり、先人がやっている手の平の上で、私が自分なりに、そこからつまみ取っているにすぎない。

多くの先人達の言葉や考え方に学びながら、そこに私の考えや現代的な視点より、加筆をしたり、変容させながら、紡いできた言葉である。すなわち先人達からの伝承が全てと言ってよい。

またそれらの言葉や本に書かれた内容は、これが正しいということではなく、私がこれまでよかれと思って生きてきた結果の一部であり、ひとつのやり方を示したに過ぎない。

そして今も、いつの時代も、全ての世界は、変化、進化の途上にあり、私自身、今だって、いつだって、実践しながら生きている発展途上の者である。

そのような考えや思いを持ちながらではあるが、多くの著作と大学での教職と、多くの経験と見識をお持ちの小泉先生が図らずも私の言動に関心を持っていただいたことはありがたいと同時に、世に問うという大それたことがよいのか、迷っているところもある。

　今を生きる人たちに、何らかの参考に、また道標になればとの思いで、それらの言葉を残すことにしたが、さてそれをどう思うかの判断は、皆様に委ねたい。

【島崎信プロフィール】

1932年に東京・本郷に生まれる。1952年東京藝術大学美術学部工芸科図案部に進学し、デザイン全般を学び、1956年同卒業。卒業後、東横百貨店（現・東急百貨店）に就職し、家具デザインを担当するが、在職中の1958年に日本貿易振興会（JETRO）による産業意匠研究員としてデンマーク王立芸術アカデミーへ留学し、家具デザイナーのオーレ・ヴァンシャに師事し、同時に数多くのデザイナーと知己を得る。帰国後、国内外でインテリアやプロダクトのデザイン、東急ハンズ、アイデック等の企画立ち上げに関わる。また北欧留学で得た幅広いデザイン見識をもとに講演、執筆活動も始める。1964年より武蔵野美術大学工芸工業デザイン科で教鞭を取る。北欧やデザイン関連の著作多数、また家具や生活用品に関するデザイン展覧会やセミナーを多数企画。日本フィンランドデザイン協会 理事長、北欧建築築デザイン協会 理事、（公財）鼓童文化財団　特別顧問、認定NPO法人 Mt. Fuji Wood Culture Society 副理事長など役職多数。島崎誠事務所代表としてデザイン活動のかたわら、並行して武蔵野美術大学名誉教授を務める。

【主な著書】

現代のインテリア（集英社、1966）、世界のインテリア―島崎信フォトエッセイ（トーソー出版、1992）、椅子の物語―名作を考える（日本放送出版協会、1995）、名作椅子に座る武蔵野美術大学美術資料図書館近代椅子コレクション（共著、武蔵野美術大学美術資料図書館、1998）、近代椅子学事始、（共著、ワールドフォトプレス、2002）、一脚の椅子・その背景―モダンチェアはいかにして生まれたか（建築資料研究社、2002）、島崎信展「デザインの領域を超えて」（武蔵野美術大学、2002）、デンマークデザインの国―豊かな暮らしを創る人と造形（学芸出版社、２００３）、美しい椅子―北欧４人の名匠のデザイン（エイ文庫、２００３）、美しい椅子〈２〉にっぽんオリジナルのデザイン力（エイ文庫、２００４）、美しい椅子〈３〉世界の木製名作椅子（エイ文庫、２００４）、美しい椅子〈４〉世界の金属製名作椅子（エイ文庫、２００４）、美しい椅子〈５〉世界の合成素材製名作椅子（エイ文庫、２００５）、工芸（共著、武蔵野美術大学、２００４）、北欧インテリア・デザイン（太陽レクチャーブックス）（共著、平凡社、２００４）、We love chair ２６５人椅子への思い（誠文堂新光社、２００５）、日本の椅子―モダンクラシックの椅子とデザイナー（誠文堂新光社、２００６）、ノルウェーのデザイン―（誠文堂新光社、２００７）、いのちもやして、たたけよ。鼓童三〇年の軌跡（共著、出版文化社、２０１１）、ウインザーチェア大全（誠文堂新光社、２０１３）、椅子とは何んだ1～3、『椅子研究Ⅰ～Ⅲ』（ワールドフォトプレス、２００１、２００３）、未来に通用する生き方（共著、クロスメディア・パブリッシング（インプレス）、２０１７）

【参考資料】

対談：島崎信「火の文化」（生活と文化：宮本常一座談録、宮本常一、八坂書房、2015）、「デンマークと椅子」武蔵野美術大学教授　島崎信（日本建築協会　建築倶楽部第２９８回朝食会　講演記録、於　大阪グランドホテル、1997. 2. 12）、島崎信×萩原健太郎クロストーク「北欧の冬ごもり～家でのヒュッゲな過ごし方」（LIVING DESIGN CENTER OZONE, 2022. 1. 12）、「北欧のデザインや考え方を日本に伝えてきた第一人者、島崎信」（連載―クリエイターの想いを尋ねて第23回、AXIS WEB, 2017. 4. 2）

序

自分の人生をデザインする

自分の人生を自分でデザインする。

自分の周りの環境や社会の仕組みに気を配りながら、実行するという考え方

この言葉をある講演会で聞き、大きな衝撃を受けた。

島崎信氏の活動に通底する大きな思想であり、軸となる考え方だ。本書で取り上げるそれぞれの言葉の源泉にもなっている。そして現代社会で生かされている我々にとって、もっとも学ぶべき重要な視点と考える。島崎氏は、幼少期の第二次世界大戦終戦前後の混乱する時代を経ながら、この考え方が形成されてきたと言う。ここでは、その思想の重要となる概念や背景などについて、形成過程も追いながら記したい。

「今の時代そんなことができないというのは、言い訳に過ぎないので、それはそれで良いのではないですか」

デザインとは仕組みづくり。
「つくる」ということは、「無いものを、有るようにすること」

近代椅子の研究を中心に、生活デザインを専門とし、武蔵野美術大学工芸工業デザイン科で名誉教授を務める島崎氏は、デザインの意味について多くの言葉を残している。

「デザインとは、形や色を決めることではなく、ある目的を達成するための、仕組みづくりも含めた行為であり、その成果物も指す」

「〝つくる〟ということは、〝無いものを、有るようにすること〟」

日本において「デザイン」という言葉は、形や色などの表層的な部分を指すことが多い。しかしそのような狭義の意味ではなく、広義の意味で捉えるべきだとし、「デザインはいいけど使いにくい、などと言っているのは日本ぐらい」と異を唱える。

ここで重要なことは、目的を達成するための「仕組みづくり」である。現状の環境や仕組みを絶対的な条件とするのではなく、目的達成のために必要であれば、その前提自体を構築しながら行うことをデザインだと定義する。
例えば家具のデザインでいえば、デザイナーの行う仕事だけに留まらず、家具を製作する人の技術、使用できる工具や製作場所などの作る体制、販売する会社や販売拠点、メーカーの思想等の販売体制も含めて、家具デザインを考えていく。目的物だけでなく、それを生み出すための環境、仕組みなども「なければ、つくる」ことがデザインなのである。

自分の人生に対しても、現状は変えられない、と受け身で留まってはいけない。目的達成のためには、職場環境や人間関係、時間の使い方、さらには仕事の枠組み、社会の仕組みなどを考慮しながら、自身の立場や環境を自ら構築していくことが大切であり、そうすることで人生を有意義なものに変えていけるように思う。自分の人生は、「与えられたもの」でなく、「自ら作るもの」であるべきなのだ。

自分一人で対応し解決する能力を身につける

島崎氏は第二次世界大戦中、小学六年の11歳の時に集団疎開を強いられ、そこで自分の生き方を考え始めた。いや、考えざるを得ない状況であった。集団いじめ、食料の取り合いなどのある生活において、都会の真ん中に住んでいた者が、どう現地の子供や大人たちと接していくか。農家などに手伝いに行って可愛がられ、食料がもらえるようになるにはどうすれば良いか。自分で自分の生きるすべを考えなければいけない状況の中で、何が起きても自分一人で対応し解決する能力、すなわち生きる技術を身につけていった。

自分の好きなこと、長続きすること、関わっていると愉しいことを見つける

その後、空襲の中での中学受験や、新たな疎開先での終戦を体験した。多くの自殺者を見たり、死体の整理などを経験した混乱の時代であった。終戦の前後でまったく異なることを言う大人やメディアに対して不信の念を抱き、信じられるのは己のみ、という心情になったという。

大学受験前に結核を患ったことで、病気を名目に絶好のチャンスと高校を一年間休学するが、この時期に出会ったのがのちに芸術分野で活躍する本郷新（彫刻家）や中田幸平（舞台美術）、吉田左源二（デザイン・工芸）などの人々であった。互いに刺激を受けながら、「自分は大きな意味で何をやりたいのか」と悩んだ。それは、どこに勤めるとか、誰の弟子になるとかではなく、それ以前の問題、「自分は何がやりたい、何が好きなんだ」という問いであった。

そうして悩み考え抜いた末に、自分の好きなこと、長続きすること、関わっていると愉しいことをもって社会と結びつき、生業としていくことを決意した。島崎氏にとってそれは、椅子や人の身近にある生活のデザインに携わることであった。

「椅子」は何処か人間臭くて面白い。ツタンカーメンの時代から人間のからだを支えてきた、我々の生活に欠かせないものだ。変遷を続けながら、今日も新しい素材と技術で新しいデザインの椅子が生まれている。

それなら、私の人生の終わりの時にも、そして未来においても、デザインの対象として椅子はあり続けるのではないか。それならやる意義があると思った

自分で環境を作る、組み立てを考える

東京藝術大学では、自身のやりたい椅子や生活デザインの領域などはなく、家具製作の工房もなし、椅子の歴史などのことを教えられる教員もいない状況だった。そこで島崎氏は自分でカリキュラムを作り、学びたい家具職人の工房を探して教えを請うたり、図書館で見つけた海外のデザインに関する書籍から図の模写・編集・冊子化をしたりと独自に学んでいった。このときから、自分の環境を自ら作ることを実行していたのである。

そして卒業後、東急百貨店に入社し、家具デザインを担当することとなる。そこでは数年間働いたが、居心地が良すぎる所に居ると自分がスポイルされるとの思いが芽生える。そのような時期に椅子や生活デザインの優れた例がデンマークにあることを知り、留学を心に決めたのだった。当時のデンマークは、デザインの知名度も全くなく、なぜそんなところへいくのか、などとの声も多くあった。しかし今そこに行けば学べるはずだと信じ、また誰もやっていない領域だからこそやるべきであると、より気持ちが固まったとのことだ。

デンマークでは「日の丸を背負っている」という圧力と誇りを、自らに与え生きてきた

島崎氏は、日本貿易振興会（JETRO）による産業意匠研究員の選抜試験を経て、1958年、日本人で初めて政府からデンマーク王立芸術アカデミーに派遣される。その頃のデンマークでは、外国のバイヤーがデザインの情報などを得ては、日本の工場にデンマークの家具やカトラリーなどのイミテーションを作らせ、ヨーロッパで安価に販売していたことが問題となっていた。そのためデンマークでは、日本のデザインの専門家として矢面に立たされ、厳しい対応も受けてきたが、「日の丸を背負っている」と自らに言い聞かせながら、葛藤と誇りをもって臨んだという。

「個人的な関心でデンマークのデザインを学び求める丈ではなく、戦後の日本を立て直す仕事に関わっている、という圧力と誇りを携えていた。なぜ私個人がこんな思いをしなくてはいけないのか、という屈辱に身をさらしながらも、国の為なら耐えられるという、憤怒と困惑の思いを持ちながらのデンマークの生活だった」

人生のミッションを掲げ、自分をやらざるを得ない立場に追い詰める

生涯を通じた強い任務を意味する、「ミッション」という言葉を島崎氏はよく口にする。「自分でしなければならないことをミッションとして、やらざるを得ない立場に自分を追いつめる。人に言われるのではなく、自分で枠を定めることが大切だ」

自身も、デンマークでの二年半の経験を経て帰国した時に、その後の人生のミッションとして次の二つを掲げた。

一つは、デンマークの優れた生活デザインを日本に持ち帰り、その技術や思想も含めて伝承することで、日本のデザイン水準を高めるということ。

もう一つは、1960年頃にはすでに世界に誇れる民主的な高福祉国家となっていた小国デンマークを儀表とし、それを達成した国民の意思による国づくりの努力と経緯を、日本の国情に合うように伝えることである。

そして帰国後は、この二つのミッションの達成に向けて精力的に活動を続けていく。

上：留学先デンマーク王国立芸術アカデミー研究室メートと
下：東京藝術大学の同級生達と。いずれも右から３人目が島崎氏
［提供：島崎信］

第一章

実行力

今の時代を嘆いているよりは、
何か行動を起こしている人を応援したい

まずはやってみる

まずはやってみる。前例がない、誰も成し遂げていないことをやることに意味がある。
踏み出してみることで、色々なことが見えてきて、多くの知恵が得られる

「こういうことが実現したら面白いのでは、とふと思い付くことがある。儲かるとかそんな話ではなくて、他の人や、世の中にも良い影響を与えそうなアイデア。では、これはどうすれば実現できるだろうかと考え始める」これが島崎氏の行動原則である。そうして湧いてきたアイデアを人に話し、伝えながら考えを発展させていくのが癖だそうだ。興味や理解を示す人と話していると、どんどん考え方が広がっていく。

「できない理由、やらない理由をつけるのは簡単。こういうことがあるからダメだ、失敗するのではないかと踏みとどまってしまってはもったいない。良いと思ったことはまずはやってみる」

「最初は全くわからなかったことが、ゴールに向かって階段をあがっていくうちに、視界が開け色々な景色が見えてくる。そして色々な知恵もついてくる」と背中を押す。

「やってみて、悪かったらそのときやめればよい」

デンマークでは、新しいことをどんどん実践していくイノベーションが活発で、世界的に評価されている。歩行者天国のストロイエ、ポルノ解禁、共産国中国を正式に国家認定したことなど、革新的な思想をもって多くのことで世界初を成し遂げている。島崎氏はデンマークで生活する中で、自身が本来持っていた考え方が間違っていないと確信し、そこから更に学びながら実践してきた。

歩行者で賑わうストロイエ通り［撮影：小泉隆］

「やりたい」「好きだ」「夢を達成したい」という気持ちがないと、始まらないし長続きしない

島崎氏の元には、何か新しいことを始めたいという人が多く相談に訪れてくる。そこでは、「やりたい」と思う人に、「そんなことはやめろ」という言い方はほとんどしない。その理由は、ある事が達成する一番の基本条件は、それが「やりたい」ということであり、「やりたい」「好きだ」「夢を達成したい」という気持ちがないと、始まらないし長続きしないからだという。

もちろん成功するのは本当に稀なことである。だが、その上でそれをやるにはどうしたらいいか、自身の考えをもってアドバイスするそうだ。元大企業の部長で、定年後バイオリン作りの工房を立ち上げたS氏を始め、どこに行っても「そんなことはやめろ」と言われて来た人達が、島崎氏を頼りにする理由がここにあるようだ。

人間の品性を損なうような行動以外は、うまくいかなかったとしても謝ればすむ

自分が信じる事、やりたいことが進めにくくなっている世の中であり、行動したい気持ちがありながら、躊躇して踏み出せない人も多い。そのような人達に向けて、島崎氏は「人間の品性を損なうような行動以外は、うまくいかなかったとしても謝ればすむ。そして誤りを正していけばよいので、自分が信じる事、やりたいことは進めるべきだ」と言う。但し「謝らないで、〝遺憾だ〟とか言っていると、人間の品位が落ちてくる」とも付け加える。

「人に迷惑をかけるのでないかと、忖度して踏み出さない人が多いが、多くの迷惑を他人にかけるのはお互い様の世の中ですから」

勝手連

今の時代を嘆いているよりは、何か行動を起こしている人を応援したい

時代や環境のせいにして、何も行動を起こさない人も多い。島崎氏は、良いと思う活動などがあると、すぐに一人で〝勝手連〟を立ち上げてしまう。自分が直接実施したことでなくとも、共感できる思想や活動を広めることで、社会全体が良くなって欲しいという思いが感じられる。

勝手連（かってれん）とは、あるテーマに賛同する者が自発的に集まって支援する市民活動の様式のことである。これまでに島崎氏が行った勝手連は、『逆さ日本地図「東アジア交流図」』（佐渡市発行）、河口湖の「認定ＮＰＯ法人 まなびの杜」など、多岐にわたる。

近年特に力をいれているのは、「君の椅子プロジェクト」だ。この勝手連は、当時旭川大学特任教授であった磯田憲一氏の発案により、北海道の旭川で２００６年から始まったものだ。生まれてきた子どもの誕生を地域で祝い、旭川家具の職人による世界に一つだけの手作りの椅子を贈るという活動は、その後どんどん広がり、２０１２年からは道産の木材で椅子を作るために植樹を

する「君の椅子の森プロジェクト」へと発展している。

世界的にも少子化が叫ばれている現況において、「生まれてくれてありがとう。君の居場所はここにあるからね」という新しい命の誕生を支えるこれらの活動は、国外にも通じる思想として可能性を感じているとのことだ。今後はデンマークやフィンランドで展覧会を企画し、世界にこのプロジェクトを広めようとしている。

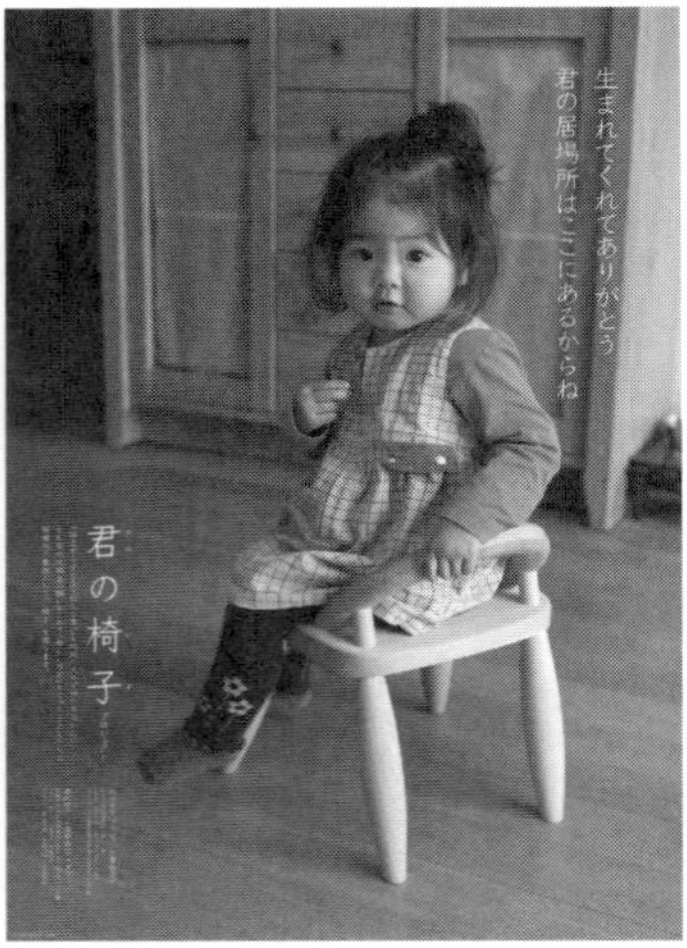

上：君の椅子プロジェクト。写真コンテスト入賞作品とポスター
［提供：君の椅子プロジェクト］
下：まなびの杜HP［提供：認定NPO法人まなびの杜］

摩擦があって、はじめて前進する。
タイヤの摩擦、飛行機の空気抵抗、全てそうだ。
摩擦を避けていたら物事は進まない

第二章

学び

社会で直接役に立たないようなことでも、
心のどこかに置いておくことに意味がある

学ぶ意思

学ぶ意思がないと、吸収できない。
勉強したい人は、代価を払わなければいけない

島崎氏が系統立てて収集に関わってきた「座って学ぶ 椅子学講座—ムサビ近代椅子コレクション400脚—」＊では、受講希望者は参加理由を800字にまとめて提出することや、半年ほどのすべての講座に連続して出席するなどの条件を設けている。「そんな先までのスケジュールなんて組めないという人は、来なくていい」という姿勢のもと、学ぶ人の意思を大切にした教えの場を実践している。

＊約400脚の椅子を所蔵する武蔵野美術大学 美術館・図書館の企画

教育に頼りすぎではいけない。自ら学ぶことはたくさんあるだろう

「教育は必要だが、学校教育に頼りすぎてはいけない。ましては教育を言い訳にしてもいけない。女性の口説き方は、学校で学ぶのか。誰が教えたわけでもない。ドイツの犬はドイツ語で座らせる」島崎氏が、ある大学で学部生に向けて語った言葉だ。

もともと教育とは家庭教育、学校教育、社会教育の三本柱で成り立っている。その様々な教育の場において、「教えられる」ことだけが全てではなく、「自ら学ぶこと」「環境から受け取ること」なども成長の上での大切な要素であるとのことだ。また他方、教育に甘んじるな、今あるものに頼るな、という主張でもある。

自身の大学時代も、椅子を作りたいが大学にそのような分野はなかったため、自分で自分の勉強するカリキュラムを作って実行していた。

「それにしても、家庭での教育・社会での教育を放棄して、学校の先生に教育の全てを押し付けている世の中はおかしいのではないか」

いつの時期でも、特に若い頃には、知性と教養を存分に吸収すべき

「いつの時期でも、特に若い頃には、古今東西の知識と教養を、その体験も含めて存分に吸収するべき。大学の時期には、関心、ポテンシャルのエネルギー、知的あるいは行動的な欲求など、あらゆることへの可能性のステージがそこにはある。自分自身で垣根をつくったり、自制してはならない」

「若い時期にしっかりと知識と教養を身につけずに、上辺の流行を追いかけたデザインで評価され、いい気になって潰れていった人達をたくさん見てきた。古今東西の知識と教養の水を含んでいない雑巾をいくら絞っても、何も出ない」

知っていることよりも、知らないことがこんなにあるなんて、世の中は本当に面白い

「世の中には色々な本があって、本当にその道その道の世界というのは面白い。知らないことが多すぎるし、知りたいことが多すぎる。それを知ったらどうだということではないんですよ。知って何になるかじゃない。

この世には本当に多くの世界が存在していて、そこではいろいろな人が一冊の本が書けるくらいに一生懸命努力している。なるほど、こんな世界があるんだ。世の中では、こんなことを研究しているんだ。それらを本を通じて知ることで、世の中やそこで生きる人々の生活がとても豊かに感じられて、その恩恵を受けるだけで幸福感を味わえる。

今はネットとかもあるし、私もときにはスマホなどもやるけど、やっぱり本だと思う。さっとこう開いてみて、ぽつんぽつんと見出しを見るだけでも、なんだか心休まるんです」

物の根拠を考えることは面白い。様々なことが見えてくる

物の根拠を考えることで、今ある世界や歴史など、様々なことが見えてくる。例えば、1メートルという単位はどこから来たのか。それはナポレオン時代、地球の北極から赤道までの子午線の距離の1千万分の1を1メートルとしたのです」。ではフィートはどうだ、ポンドとは、日本の尺貫法はと、尺度の話を一つとっても話題は無限に広がる。

「辞書は面白い。今でも見始めたら止まらない。どこからでもスタートできるし、わからなければ、そこに飛んでまた新たに始まる」

「戦時中に新しい本や雑誌が少なくなった頃、小学生だった私は、家にあった平凡社の百科事典が愛読書となって、二、三年ハマってしまった」

「世の中面白いですよ。知らないことが、知っていることの何百倍もあるんだから。知らないことを知ることは楽しいことだ」

社会で直接役に立たないようなことでも、心のどこかに置いておくことに意味がある

「よく、こんなことを勉強して社会で役に立つの、意味があるの、なんて聞かれる。

確かに中学・高校でやった因数分解なんていうのは、社会に出てからは使ったことがないし、三角関数なんてのもそう。

しかし、社会で直接役立たないことも、そういう世界があって、そういう計算法が一つあるんだという事を、心の隅に置いておくことが重要なんです。何かを理解する時、何かに対応しないといけない時の〝おすがり〟になる。教育では、そういうことを教えるのも大切だと思う」

今の時代、考える、自分で物事を判断するということを、他人任せにしてしまっている

「最近の学生たちの就職活動を見ていると、自分をなんともそんなに安っぽく扱っているのかと感じる。自分は一人なんだから。会社とか分野がたくさんある中で、自分がしたいことをできる場所を探すのが就職だと思うが、何をやりたいか分からないという者も多い。

自分で物事を判断する、考えるということを他人任せにしてしまっている。それは情報化社会の中にどっぷり浸かって、人間の一番大事なところを空け渡しているからなのでは。だから何か問題が起きたときに、処理するマニュアルを持っていないからできません、ということになってしまう」

私淑する

物事を学ぶのには、〝私淑〟することから始めるのが良い

「物事を学ぶのには、〝私淑〟することから始めるのが良い」と、ある大学のセミナーで言われていた。私淑とは、「尊敬する人に直接には教えが受けられないが、その人を模範として慕い、学ぶこと」の意である。

島崎氏は著作や講演会等において、このような美しい言葉を良く用いられる。叔父に小説家の島木健作＊がいる素地や影響もあるのだろう。

＊島木 健作（しまき けんさく、1903年9月7日―1945年8月17日）は、日本の小説家（本名：朝倉 菊雄）であり、高見順・中野重治・徳永直・林房雄らとともに、転向文学を代表する作家の1人である。

その時、その場所でなければ学べないものがある

「かつて、大学に入学するも家具を作る工房もない中で、気になる職人の工房に通い教えてもらおうとした。最初は全く相手にされなかったし、職人にバカにされたり、どなりつけられたりして諦めようとしたこともあった。それでも今この場所で、この人からでなければ得られない予感があったから、本気で食い下がった。やはりその時、その場所でなければ学べないものがあるように思う」

長い間続いているものには、やはり何か学ぶべきところがある

「それなりのことをやった人の話を聞けるのは幸せ。どの分野や年齢などにも関わらず、それなりの成果をあげたり、経験をしている人の話には多くの学ぶべき点があり、そういった人たちの話を聞けるのは幸せなことだと思う。また会社や大学、何らかの活動においても、長い間続いているものには、やはり何か学ぶべきところがある」

自身が大学を選ぶとき、当時の東京藝術大学には学びたい家具などの分野は設けられていなかった。しかし、岡倉天心以来、百年以上続いている唯一の国立美術学校ならば何か人生の中で得るものがあるだろうとして、同校への受験を決めた。

大学に行くということ

日本では大学に行く事自体が目的化している

「日本では大学に行く事自体が目的化している。何の目的で大学にはいるのか」

本当にその分野を学びたいという意思を持たずに、毎年多くの学生が入学してくる。そして同様に曖昧な意思のまま、エスカレーター的に会社へと流れていく。高校以後の進路選択や大学での就職活動の早期化、人口減による大学入学や就職の容易化といった現状を目の当たりにしていると、私自身も、本当にこれで良いのか、日本の将来に不安を思う。

「デンマークでは、高校を卒業した後数年間は仕事をしたり、海外体験をしたり、インターンなどをする人が多い。そうして学びたいものが見つかったら、大学へ進学する。日本もどこかでこのような方向に転換しなければと、人財育成の観点から未来を危惧している」

私は高校三年のときに一年間休学して、色々な業種の人と逢い、手伝い、
世の中の広さを知った後に東京藝術大学へ入学した。
デンマークに行って、この体験は正解であったと思った

ある大学の、ある学科で学ぶ何年かで、一生の人生を決めるのはおかしい

大学に入ることが目的化し、本当にその分野を学びたいと言う意思を持たずに在学して、卒業後はすぐに一生の仕事の選択を迫られる。これは日本の多くで見られる傾向である。しかし島崎氏は、「学んだ結果向かう先は、当初選択し学んだ分野から離れていても構わない」と言う。大学で学んだ領域とは異なっても、本当に学びたい、やりたいものがあればやってみるべきだし、就職してからの人生は長い。本当に学びたいこと、やりたいことが見つかった時に、やり直せる社会が必要ではないだろうか。

デンマークでは、何歳になっても多様な分野を学べる「フォルケホイスコーレ」と呼ばれる国民学校のほか、多様な選択のできる教育システムが構築されており、氏は日本でもそのような制度ができることを望んでいる。「人生八十年、ひいては百年と言われる時代に、二十歳前後に学校を卒業した後には取り立てて学ぶことをしないのはダメだ。学校に行くことが学ぶことではなく、自ら学ぶ仕組みを作って続けていくことは素晴らしいことだ」

海外での経験を社会に還元しない今の時代の状況では、留学奨学金よりも社会人の学びに国費を使った方がよいのでは

「かつては、奨学金をもらって海外に行って帰ってきたら、その学んだことを社会に伝えたり、その国との関係構築に貢献するなどして、その経験が日本に還元できていた。しかし今の奨学生は、本人の人生にとっては良い勉強になっているのかもしれないが、そこに留まり、その経験を日本に還元するというようなことはない。そんな学生に国費等で補助金を与えるのは不毛なことだ。私は、30代以降になって自分の進むべき道を決心した人のための学校を設立したり、そのような人へ奨学金を与える方が、国費の使い方として有効に思う」

古きを温ねる

歴史・人間の過去を知らない者に未来は語れない

「歴史・人間の過去を知らない者に未来は語れない。デンマークデザインの父とも言われるコーア・クリントは、〝古典の中に優れたモダンがある〟と言ったが、歴史はリノベーションの連続であり、オリジナリティは積み重ねてきた時間の中から見えてくる。困った時は過去に目を向ける。そこには歴史上の事象に宝がつまっている」

眼を背けたくなるような史実に対して、自分がどう反応するかが、試されている。眼を背けていては次のものは生まれない

アウシュビッツ博物館には何度も行ったとのこと。

「過去に人間がやってきたことに目を背けたくない。それにどう反応するか、自分が試されていると感じる。百聞は一見にしかずで、それは決して愉快なこととは限らない。しかし、見たくないものから目を背けて、楽しいことだけを享受していると、そこからは何も生まれない」

その場で身を持って体験することでしか、得られないものはあるように思う。その場所で味わった空気感や時間の感覚は、単なる情報や知識だけでは受け取れない、大切な何かをもたらしてくれる。

そのアウシュビッツもだんだんと観光地化され、来る人の振る舞いにも変化があったという。その場所の意味や史実も、だんだんと変わってきている。

記録を取ることの大切さ。日本で職人が育たなかった理由

日本の伝統工芸等において、技術を伝承する職人がいないと言われる理由を、島崎氏は次のように語る。

「親方が系統だった知識を持っていなかった。そしてその弟子たちは、技術は教わるのではなく盗むものだと言われてきた。その背景には、江戸時代から戦前、そして高度成長になるくらいまでの間、口減らしのためにまだ十何歳ぐらいの子供を職人のところに弟子入りさせていたことにある。そこで寝泊まりの場と食事を与えられる代わりに、下働きや雑用をやり、その間に親方の技を盗むように見ていていたわけだ。結局、辛くても殴られたりしても帰るところがないから、じっと我慢しながら技術を身につける。覚えたことを書いたり記録を取るといった余裕もなかった。感覚で習得してしまっているから、人に教えられない。

そして近代になって、義務教育で学んできた人間が技術を習得するとなったとき、彼らは順序立てて教えてくれると思って教えを乞う。その構造をわかった上で身につけようとする。しかし親方は、自分の体験だけで系統だった知識を持っていないから、技術は盗むものだとか言って逃

げてしまう。若い連中はそれについていけなかったのです。高度成長の時になれば、手に職を持っていなくても他のところで食えるわけだから、みんなそちらに行ってしまった。職人の後継者不足問題は、教えるという仕組みができていない、伝達ができないということが根本にある。

一方で、佐渡のたらい舟の製作を習っていたアメリカ人がいて、その人はきちんと記録を取るということをしていた。だから伝統が継承されていくわけだ。彼はその後、長良川の鵜飼いの船や沖縄の船を作り調査して、それらの違いについての詳細まで書いて残している。私はとても感心し、彼には佐渡島のたらい舟の本を書いてもらって出版した」

マイディクショナリー

島崎氏には、気になること、思いついたことなどを何でも書き記す習慣がある。そしてそれらには、時系列をもって振り返れるように、すべてに日付がつけられている。

「記録紙はA4サイズの裏紙を8等分したものを使用している。ボールペンは時が経つと油が浮くので、炭素が使われた鉛筆で書く。そしてダブルクリップに挟まる分の枚数をいつも背広のポケットに入れておいて、時間がある時に取り出して見直したり、そこから新たに発想を得たりしている。自分がこの時期こんなことを考えていたのかと思ったりと、人を待っている時でも退屈せずにいられるのです」

長年の習慣となったマイディクショナリー［提供：島崎信］

資料を取っておくということは、自分を振り返る、よすがにするということであって
自分の人生を単なる思い出にするのではなく、
その経験からまた新たなことを得るきっかけにもなる

「多くの人は案外、記録というものを取らないと思うが、人間の考えはしょっちゅう振れるものだから、やはりちゃんと今の記録を取っておくといい。私が子供の頃、引き出しの中に曲がった釘などの変なものをお宝としてしまっておくのと同じで、人から見たら大した事柄ではないかもしれないけれど、自分と縁があったことは書き記しておくことにしている」

そして「資料を取っておくということは、自分を振り返る、よすがにする、ということ。自分の人生を単なる思い出にしてしまうのではなく、その経験からまた新たなことを得るきっかけにもなる」と、そこに発展的な意味や価値を見出している。

＊注：「よすが」は「身や心の拠り所、頼りとすること」

戦争や迫害など、歴史的に大きなことは、些細なことから生まれている。
取るに足りないことと思わず、全てのことに気を使うことが大切

教えるということ

難しいことをやさしく、やさしいことを面白く、面白いことを心に響くように

「多くの人も言っていることではあるが、自分の考えを話す時や書く時は、相手に伝わらなければ意味がない。私が何かを教えるときは、難しいことをやさしく、やさしいことを面白く、面白いことを心に響くように心がけている。相手に自分の考えている事を伝え、それがアクションに結びつくところまでいけるのが理想だ」と島崎氏は言う。

講演会の時は、聞き手が誰であるのかを重視し、思考回路の組み立てをするそうだ。また、専門の人間しかわからないような造語や略語は、できる限り使わないよう心がけている。かつて小学1年生に木造と地球環境の話をした際は、どのような言葉でどう伝えるかについて、十分な準備をして臨んだ。

専門用語で圧倒したり、あえて入り組んだ説明をしたがる大人も多いが、本当の意味で物事をわかっている人は、どんな人にも理解できるように伝えられる。

提案のない批判は、ただの中傷だ。「それは自分で考えろ」という人間を私は信じたくない

最近では、ＳＮＳでの勝手で無責任な誹謗中傷などが横行している実情がある。

「それは問題だ、こうなるからダメだなどは誰でも言える。批判するだけなら簡単だ。ただ批判をする人が多いが、私は提案のない批判はただの中傷だと考える。また批判をしておいて、提案を求められると、〝それは自分で考えろ〟という人間を私は信じたくない」

「ダメな時に解決策を導けるかが大切なことだ」

旧態依然的には突き放すことも一つの方法であるかもしれないが、指導者においては、物事や人々をより良い方向に、高みに導くことが大きな役割としてあり、求められるべきことだ。島崎氏に、デザイナーや建築家、メーカーをはじめ、多くの人たちが頼ってくるのはこの姿勢にあると思う。

活動の間口を狭くして、深く極めることだけが専門家の姿と思うな。
専門家は、同時に広い範囲の知識を持つ教養人でなくてはならない

「1970年頃まで日本の芸術家達は、専門家であると同時に優れた教養人であった。自分の専門領域を軸足にしながら、もう一方の片足では、その領域にクロスオーバーする様々なことに関心を持つ。そのことによって、他の領域の専門家と話し合いができ、知識を共有するだけでなく、知識を吸収することにつながるからだ」という。

中国においても昔から同じで、軍人であった人でも、最後は詩を詠み、文事を重んじ、そして絵を嗜む〝文人〟になりたいということが常であったとのことだ。

狭い社会になってきている。
大学に入るのが目的になり、技術、教養のない人間が増えている

今の人たちは、昔に比べて関心の幅が狭くなってしまった。
専門家や、終身雇用の人たちは、その分野のことしかやってきていない

第三章

仕事

我々には、３つの「しごと」がある。
この３つが揃うことが、幸福な人生の条件ではないかと思う

3つのしごと：仕事・私事・志事

我々には、3つの「しごと」がある

「仕事」は、生活の糧を得るためにはたらくこと。

「私事」は、健康・家庭・家事・趣味や余暇を含めた、個人的な事柄。これらをしっかりと維持することは大切。

「志事」は、自分の好きなことで長続きする楽しいこと。それが、世の中の何らかのため、誰かのため、そして未来のためになる。そういう旗印としての、他者にも伝わる志の活動。

この3つの考え方は、コーネル大学の唐川康弘さん達と「未来の学校」について話をする際に生まれた考えだ。そして多くの人は仕事と私事は行っているが、そこに志事が加わり、この3つが揃うことが幸福な人生の条件ではないかという。

「そのお歳でまだ仕事をしているんですか」と聞かれるが、「お金を伴わない仕事ではあるが、目標をもってやり続けることが生きていくことなので、遊んでいるんですよ」と返答しているそうだ。定年になって趣味を始める人は多いが、ほとんどの人が健康でないように見受けられる。

目標を持たないと意味を見出せなくなる。
三つの「しごと」の内の「志事」をしないといけない

社会活動や啓蒙活動をもっとしないと文化は育たない。
僕は、北欧のすばらしさを伝えるためにはどこにだって行く

「建築家やデザイナー、研究者や教育者などが、もっと社会活動や啓蒙活動をしないと文化は育たない」

日本でデザインという言葉が使われ始めていた１９６５年頃、ＧＫデザイングループ創業者の榮久庵憲司氏と、私たちが今やらねばならないことについてよく議論したという。そしてその結論として、次の三つのことが掲げられた。

一つ目は、デザインという仕事の質を高め、その仕事を社会に認知させること。そして収入などの待遇なども整えること。二つ目は、デザインの研究をすること。これを機会に、島崎氏は、近代椅子の研究へと向かって行った。そして三つ目は、デザイン業界のテーマや仕事を伝えること。社会へ発信することで、社会の関心が高まり、それが仕事の質を高め、押し上げるのである。

そして現在も、その時の思いを持ち続け、実践を続けている。

好きなことをやって仕事になるのは幸せだ

「よく人に、大学辞めてからも仕事をしています、と言っているけれど、よく考えたら世間で言う〝仕事〟は、会社などの組織に属してやっていることなのかもしれない。私の仕事というのは、自分を軸にして、知識とか経験とか、これまでの背景を活かしてやるものだから、ある意味では好きなことをやっていれば仕事になってしまう。

（筆者を指して）あなたも組織の一員として大学には属しているけれども、研究と言いながらやっぱり好きなことをやっているんだと思う。そう言うと、一般の人からは遊んでいるように思われるかもしれないけれど。あなたも〝美しい光を持つ建築〟というテーマを一つ持たれて、それが仕事になっているのだから、ある意味では幸せだと思う」

デュアルジョブの時代

人生はリセットできる。
これからはデュアルジョブの時代だ

「今の時代、この医療状況では、定年後の時間は人生の三分の一にもなる。また働いている人も、年間の三分の一は休みである。週末に学べば、違う自分ができる。そういう意味でこれからはデュアルジョブの時代と考える」

そして自身については、「定年後に90才まで残りの人生の三分の一を生き、そのあとの最後の10年で振りかえろうと思っている」

今度生まれた時は、全く異なるふたつのことをやりたい

「今度生まれた時、一方は仕事の経済的な生活の糧を得るために、もう片方では精神的にクリエイティブなことを、ふたつの全く異なることをやりたい。

仕事をやっていると、ストレスがあるじゃないですか。ストレスは逃げ場がないから生じるけど、一方の仕事で逃げ場ができていれば、ストレスもなく仕事ができるんじゃないかな」

待遇の良い所に10年もいたらスポイルされる

島崎氏は、自分の経験として、大学卒業後に入社した百貨店に残らない選択をした。その理由は、待遇の良い所に10年もいたらスポイルされるという思いからだという。これも自分の人生をデザインするための仕組みづくりのひとつであろう。

そのほか、百貨店勤務時代にデンマークへ行きたいと申し出た際、「前例がないからやめろ」と会社に言われ反発したことや、ある入社試験面接で何度も同じ質問を受け、「提出書類に書いてあるのになぜ聞くのか」と言って自分から断った話など、就職に関わる武勇伝がいくつも残っているようだ。

仕事の姿勢

待ち合わせには絶対に遅れない。それだけで相手にアドバンテージを与える

かつてスイスのチューリッヒで設計の打ち合わせに赴いた際、一緒に呼ばれたイタリア人設計者が、遅刻が原因で仕事の打ち合わせにも入れない現場を見た経験があるそうだ。

「遅れたことで仕事を失うケースは稀かもしれないが、そこまでいかなくても、対等に話せないし、こちらからお願い事などもやりにくくなる。約束の時間に常に遅れてくるような人は、最初からアドバンテージを失っていて本当に馬鹿馬鹿しいことだ」

早めに行くことで、たくさんの得がある

氏が打ち合わせなどで初めての場所に行く時には、約束の時間より早めに到着し、周りの環境を知ってから人に会うようにしている。早く行って、戻るまでの時間を確認してから、街をぶらぶらする。新しい発見も得られるし、その話題で相手から好感を持たれるきっかけにもなるそうだ。

「百貨店に務めていた時期は、始業よりもずっと前に出社して、まだ電気のつかない中デスクライトで仕事をしていた。出社時刻が近づくと、役員が入ってきて挨拶をする。そのことだけでも、単純によくやっていると思われ得をしていた」

仕事を断ったことはない。
そのかわり、仕事を取りにいったことはない

島崎氏は、自身の専門分野である「生活デザイン」という領域を超えて、幅広い分野において数多くのプロジェクトを行なってきている。中には食べ物、お墓などに関するものなどもあった。そして依頼が来た仕事は、それまでに全く経験のない領域であっても、それを理由に断ったことはない。

「知らない領域の仕事ができることは、新たな発見につながる。仕事としての締め切りがあることで、多くの学びと実践ができるのでかえって嬉しい」

一方で、自分からデザインした作品やプロジェクトなどを売り込んだことも一度もない。デザインやコンセプトを売り込むと相手に勝手な事を言われるし、それだけで弱みになるので、絶対にしないという。仕事の依頼が来るような環境や下地づくりをすることが、自身にとっての営業活動にあたるとしている。

組織の在り方

組織のみんなが参加すれば、うまくいくというものではない

会議等でみんなが賛成する案は、すでに古い案。何人かが反対する程度の案が新しい

組織の在り方として、全員参加は情報と意識共有のために欠かせないことであり、参加意欲を高める効果もあるだろう。しかし、具体的に物事を進めていく段階においては、雪だるまを作る時のように〝芯〟が必要で、コアメンバーをしっかりさせることが重要であるという。

また、複数の人間が所属する組織においては会議の場等での合意形成が不可欠となるが、「みんなが賛成する案はすでに古い案で、何人かが反対する程度の案が新しい。しかしその一方で、一人の美意識や価値観で決定される組織を恐ろしくも思う」と言う。

プロジェクトにおいては、決定権を持つ人にしっかり伝えることが大切

プロジェクトを進めていく上では、打ち合わせやプレゼンテーションで多くの人に話をする必要がある。島崎氏は、

「常にプロジェクトにおける各人のポジションを把握し、決定権を持つ人をしっかりと見定め、伝えていくことが大切だ。そこにつながらないところでいくら意見を言っても仕方がない」と指摘する。

第四章

捉え方

複眼の思想を持つこと

世の中を捉える

複眼の思想を持つこと

島崎事務所には、南が上となった地図が2枚貼られている。北半球の国における一般的な地図が、逆さになった状態だ。一枚は、『逆さ日本地図「東アジア交流図」』（佐渡市発行）で、もう一枚は、1970年代にオーストラリアから送ってもらったものである。

「丸い地球を無理やり平面にしたのが地図で、宇宙的には上下はない。先進国が北半球にあったために、北を上にしたのだ。それにしても、佐渡市が発行した逆さ地図を見ると、中国、朝鮮、韓国にとっては、広い太平洋に出て行くのに日本が邪魔でしょうがなく、障壁となっているのがわかる。それを理解しながら付き合っていかないといけない」

これらの例を挙げながら、複数の視点からでなければ本質は捉えられないとし、複眼の思想を持つ必要性を説く。

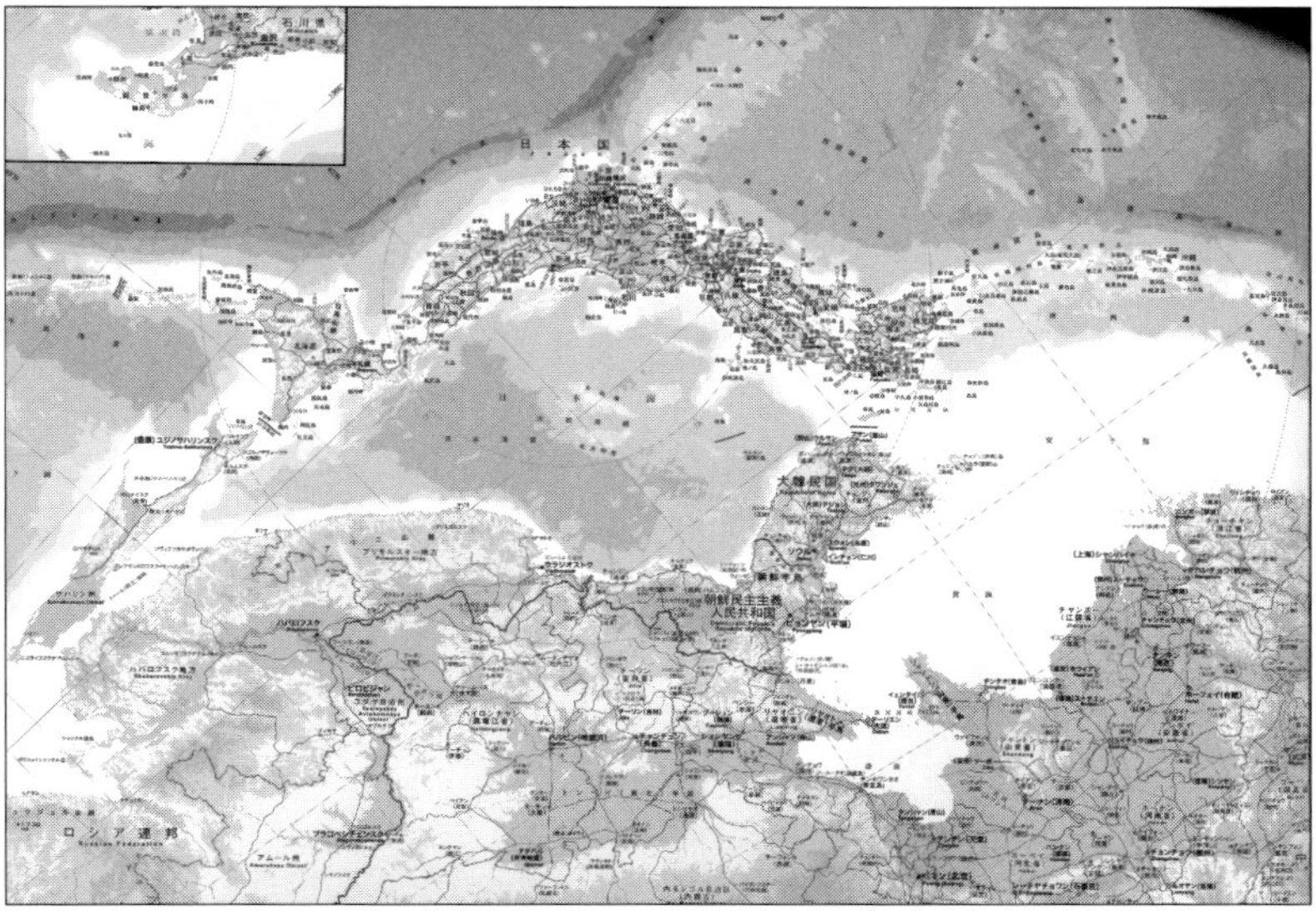

逆さ日本地図「東アジア交流図」［提供：佐渡市役所］

「足を踏んでいる人は、足を踏まれている人のことも考えなければならない」

「雑草は、人間が食べないから、雑草と言われているだけ。

それを食べる他の動物からしたら大切な植物だ」

人間側からの一方的な見方だけでは、世界は理解できない

世の中は三層構造。その構造を知った上で物事を考えるべき

「世の中の多くのものに関しては、一番下の底流には、人間や社会における〝本質〟があり、これはツタンカーメンの時代からほとんど変わっていない。そしてその上に国民性・時代性によって作られる層が乗り、一番上には、その時々での個別の要求や要因、流行などによる層がある。この構造を知った上で物事を考えるべきだ」

「機能性と安全性は底流に属する世界共通のものだ。日本においては機能性、堅牢性、美しさが特に評価される。それらが揃った上で、さらに売れるためには、地域の特性や商習慣の違いなどが加味されていることが重要だ。トヨタは海外進出に際し、まずアメリカやヨーロッパにデザインセンターを作って、現地のことを徹底的に調べた。地域の特性を踏まえた戦略を行なったゆえに成功したのだ」

また、建築についても「建築は、知識のグローバリティと現実のローカリティの両方を考えなければいけない。その上にパーソナリティがある」と三層構造で語る。

世の中に不安を感じることもあるが、誠実さと勤勉さが、悪徳であった時代はない

「世の中に不安を感じることもあるが、誠実さと勤勉さが、悪徳であった時代はない。人間の知恵と汗と努力を使えば世の中は変わる」

敗戦による荒廃した土地から豊かな国づくりに成功し、またデザインの歴史がなかったところからデザイン大国になったデンマークを見ていると、つくづくそう思うと島崎氏は言う。人間の知恵と汗と努力でここまでになれるのだ、というサンプルがデンマークにあったことを知り、勇気付けられ、自身もその気持ちを持ってこれまで生きてきたと語る。

国や社会を作るには、人づくりが重要だ

デンマークの豊かな国づくりに大きく貢献をした人物として、島崎氏はエンリコ・ダルガス＊と、ニコライ・フレデリク・セヴェリン・グルントヴィ＊の2名を挙げる。そして「グルントヴィ氏が始めた国民高等学校が、現在は形を変えてオープンスクールとして外国人も受け入れ、時代の変化に合わせて今日に続いて活動している様は注目に値する」と指摘する。

＊Enrico Mylius Dalgas, 1828–94「外で失ったものを内で取り返す」という考え方で不毛の土地に植林を施した人物。
＊Nikolaj Frederik Severin Grundtvig, 1783–1872「豊かな国づくりのためには、人づくりをしなければいけない」と提唱し各地に国民高等学校を作った、牧師、作家、詩人、哲学者、教育者であり政治家でもあった。

変化と進歩はスパイラルに昇ってゆくように進んでいるが、同じ部分も実質は変化している

「世界には、地域や時代を超えて、同じような事象が所々に存在する。それらは本質的なことだから、度々出現するのだと思う」としながらも、その実質が微妙に移ろっていることも見極める必要があるとの考えを示す。

「人間は二千年前から五感も身体も変わっていない。世の中は時間が経って進歩をしているが、変化と進歩はスパイラルに昇ってゆくように進んでいく。そして技術の進歩がありながらも、上から見ると何か重なるところがあり、そこをレトロだと表現することもある。だが、その部分も実質は違ってきているように感じる。そのスパイラルの中で生まれる微妙な差異を、いつも見極めなければいけない」

「想定外」は言い訳にすぎない

２０１１年の東日本大震災で〝想定外〟という言葉が話題になった。
「最近の専門家達が、近代しか見て来なかった結果だ。
現代の研究者や専門家等の在り方を反省して、正すべきである。
想像力も、仕事の力だ」

時代を考える

IT時代、デジタル時代と言われているが、18世紀から19世紀にかけての時代変化も面白い

ここ数十年で、目まぐるしく技術の革新が進んでいる。人類史上、これほど劇的なライフスタイルの変化はなかったのではないか。しかし、島崎氏は時代を振り返り、「18世紀から19世紀もまた面白い。産業革命だけでない、政治形態など多くの社会や生活に関わることがこの時期に激変した。そして絶対的な闇、夜がなくなった。今の時代変化に勝るとも劣らない変革であった」と話す。

親と子の意見が異なるのは当然だ

「親はこれまでの価値観や歳を追うこともあり、変化よりも平穏を望む。、刺激が多い時期の子供が、異なる意見や価値観を持つのは当然のこと」

遥か昔、紙の無い時代の中国の竹紙（竹柵）にも「今の若いものはダメだ」という旨の言葉が書かれていたそうだ。これは古きから続く連続であって、そうしながら時代の相対的な変化が生まれているのであろう。

経済のこれから

企業はまだ売れる場所を探し、発展途上国に押し付けている。
こういう世の中は続く訳がないと思う

「人口減がわかっている上、バブルの甘い時期を知らない若者が育ってきていて、様々なものから離れていっている。人も社会も変わりつつある。それなのに経済界やメーカーは、相変わらず年間の売り上げを気にして、まだ売れる場所を探し、発展途上国に押し付けている」

「社会も、リーダーも、メディアも、大学教授も、みんな時代遅れになってきている。こんなことをしていたら、世の中が続く訳がない」

収入は他の人から回ってきた社会財

「日本が高度成長の時、産業界の人たちは色々なところに寄付をしたり、寄付によって美術館を作ったりと、社会に貢献・還元しようとする姿勢が強かったように思う。その背景には、昔の良き日本を知っていながら、それらを近代化で壊してきたという当時の人達の贖罪感があるのかもしれない。

そういう利益や儲けを分け与えるということは、すなわち収入は他の人から回ってきた〝社会財〟と言う考え方が根底にあるということ。しかし今では、その感覚は失われつつある。

例えば、こんなに儲けたから自分のお金で宇宙に行く、といった使い方は私には理解できない。今ではコンピューターで簡単に株の売買なんかもできるようになっている。お金がお金を産む仕組みになっているわけだ。昔ではおよそ考えられないことだね。お金の価値が自分たちの実感を伴っていないわけで、それだとやはり社会財だと思えない」

長く続くことは、評価の一つの指標

島崎氏は2024年6月時点で92歳であるが、現役で複数の会社の顧問を長く続けており、さらにその数は増えている。中には親子三代続く会社もあるそうだ。新宿のオゾンもオープンの翌年から顧問を続けていて、最近館長がリタイヤし、一番の古株になった。

「時代の変化に対応して、その企業がどうしたらよいか、先を読む力が大切だ。それらの顧問契約は期間が一年間だから、時代の変化に対応してどうあるべきかを常に考えて提案していかないと、契約は更新されない。

長続きしているということは、結果的に企業にメリットをもたらしたという成果の判断基準になる。また、同様のことがデザインの分野、プロダクトの分野でも言える。良いもの、良いデザインはロングセラーとして世界中で愛され続ける」

身の丈のことを実行するという考え方も必要

「ナポレオンの時代以降、情報がお金になることが分かった。近未来に対する信用が金利になる。〝時は金なり〟である。そしてそれ以降、人間は身の丈以上のことをやる習慣がついてしまったが、身の丈のことを実行するという考え方も必要だ。いつになっても漁師と百姓はなくならない。これまでの社会構造の変化は人類のためにやってきたが、近代になって、人間は思い上がってしまった。今はマネーゲームのためになっている」

経済の自立のないところに、自由な精神は育たない

「日本人は、お金のことに関して、はしたないような気持ちを持つようなところもあるが、お金のことをもっと考えなければいけない。それがないと、本当の意味でのデザインではない。経済の自立のないところに、自由な精神はない」

そして北欧建築の巨匠アルヴァ・アアルトやアルネ・ヤコブセンなどを例に挙げ、彼らは設計した建物に自身がデザインした家具を用い、それらを商品化するなどの経済基盤を作る仕組みづくりにも長けていたと指摘する。

メディアの在り方

日本のメディアは、新作ばかりを求めていて良いのか

メディアに出ることが目的化している。皆、メディアを意識することに汲々となっている

「日本のメディアとデザインは、新作ばかりを求めていて良いのか。昨今のデザイナーズウィークなどは、デザイナーが居合わせて、椅子に座ってはダメだとか写真撮影不可だとか言って、結局次の年にはそのデザインが消えている。これでは良いデザインは生まれない」

「最近の建築界、デザイン界では、皆メディアを意識することに汲々となっている。メディアに出ることが目的化している。批評性もなく、メディアのほとんどはＮＥＷＳだけで構成され、作品たちは単なるデータベースに組み込まれる。こんなことで大丈夫か、将来に残るものがあるのか、不安になる」

今のメディアは、台本に当てはめることばかり。取材は免罪符に過ぎない

調査の前には下調べを徹底的にする。相手に対する取材側の原則的な礼儀

「今のメディアは、経験も知識もない人が多く、取材に来ても、台本に当てはめようとするばかり。それなら取材に来ないで勝手に書けば良いのにと思うが、取材を免罪符にするようなところがあって、だめだ」

島崎氏は取材する相手に対する礼儀として、調査の前にはやれるだけのことを徹底的に行う。椅子ひとつ取材するのでも、デザイナーの出自、家族や親子関係、趣味や個性、あらゆることを調べてから臨む。柳宗理さんへインタビューした際には、「うちの家系のことは、島崎くんのほうが詳しいから」とまで言われたそうだ。

信念をもって黙々とやっている人達に、もっと光をあてて、伝えていかねばいけない

「表からはなかなか見えてこないが、世界中には、本当に良いと思うことを、信念をもって黙々とやっている人達がたくさんいる。現代のメディアは、表面的に流行しているものを追いかけては、消費文化を煽る傾向にあるが、そのような人達にもっと光を当て広く伝えていくような仕事をしなければいけないと思う」

言語を大事にすべき新聞やテレビが、安易に略語を使ったりして、言葉を壊している

「最近は、言語を大事にすべき新聞やテレビが、安易に略語を使ったりして、言葉を壊している。スペースがないとかいう理由でだ。メディアの世界では認められているかもしれないが、私はよいと思わない。私は、誰にでもわからないような、造語や略語は使わないように心がけている」

終戦の前後を体験して、権力を持った大人は信用してはいけないと確信した。マスメディアも同様に信用できない

「その日まで鬼畜米兵などと言っていた教師やメディアが、次の日には民主化だと手のひらを返す。私は終戦の前後を体験して、平気で真反対のことを言う大人たちや社会に驚愕し、それ以降、権力を持った大人は信用してはいけないと確信した。マスメディアに対しても同様で、不信感がある」

時代によって価値観が移り変わるのは世の常であるが、それに振り回されて人格や芯の部分まで犯されてしまうのは恐ろしいことである。

一方で、終戦後に「僕は誤ったことを子供たちに教えていた」といって教職を辞した恩師のような人もいたという。

質とプロセス

文化を評価する指標は、計数的ではなく計質的に判断しなくてはいけない。
それを理解するためには、知識と教養が必要

「質を考えなければいけない。計数化はわかりやすいが、それだけでは本質を捉えることはできない。表面を読み取っているだけで、背景を鑑みていないからだ。質を判断し理解するためには、知識と教養が必要だが、その土壌がなくなってきているように感じる。

例えば、椅子や家具を評価する方法のひとつとして〝人間工学〟という分野があるが、統計データのみを扱うただの〝寸法工学〟になっているものが多い。本当の人間工学を目指すのであれば、その寸法の意味や背景にまで踏み込まねばならない」

結果が先に出る世の中。
そのような状況では、手間ひまをかけるプロセスが重要になる

「現在、建築やインテリアなどにおける〝デザイン〟は、その多くが既製品や既成概念の組み合わせをいじることに終始し、パズルのような作業になっている。それはコンピュータでもできてしまう仕事だ。どういう風に新しいものを生み出すか、どのような理想が考えうるかは、そのような機械的な行為とは異なる次元にある。

私は、手間ひまをかけることに価値を見出す時代が来るのではと考えている。これまでのようにスピードを第一義にするのではなく、労力を惜しまずプロセスを重視することで、デザインが発展したり、何か別の物が生まれるといった産物があるのではないだろうか。そして、その過程にこそデザイナーの思いや考え方が現れてくると思う」

デザイン教育においても、アウトプットされたものを論じるだけではいけない。
そのプロセスを考えさせ、そのプロセスにおいて何を学ばせるのかが重要になる

新しいこと、個性的なこと、面白いことは、必ずしも質の高いことを意味しない

「今の世の中、新しいこと、個性的なこと、面白いことなどを追いかけたものが多いが、必ずしも質の高さとイコールではない。それらは果たして、デンマークデザインの黄金期に生まれたハンス・ウェグナーなどの家具よりも良質なのか？Yチェアが発売より70年が経過してもなお愛用されているのは、現在のデザインよりも質が高いからではないのか」

混迷する現況において、その質を問うこと、評価軸を正しく持つことの必要性を、改めて考えていかねばならない。

新しいことを求めることは必要であるが、全てがそこに向かわなくても良い

「新しい技術、新しい美的形式、新しい生活など、いつの時代も社会や人々は新しいことを追い求める。もちろんそれは必要なことではあるが、それだけが一義ということではなく、全ての人や社会全体がそこに向かわなくてもよい」

それができた背景にまで踏み込んで判断するべきだ

「デザインもそうだが、何事においても、表象している事実だけで判断したらダメだ。それができた背景、その時代の状況、関係した人々などにまで踏み込まなければいけない。ある事象が発生するには、地域性や時代の勢いによる後押しなども関係している」

第五章

人間力

なんだかんだ言っても人間だよな

サヴァイバル能力

便利さは人間の能力を衰えさせる。
現代社会では、人間のサヴァイバルな能力がどんどん失われていく

「いつの時代も、寝ること、食べること、排泄することなど、我々の生活の基本形は変わっていない。ただ、スイッチひとつでご飯が炊けるなど、人間が用いる道具は変化している。自分たちで本来しなければならない事が、全てビジネス上での商品になってきて、人間のサヴァイバルな能力がどんどん奪われていく。しかもそれを危惧するのではなく、喜んで受け入れているのが現状だ。精神論などではなく、人間が本来身につけるべき力をもっと尊重するべきだ。違う言い方をするのであれば、心地よい不便さも必要なのではと思う」

島崎氏が特別顧問をつとめる佐渡の鼓童文化財団では、毎年約十人の入座生を迎え入れる。彼らは2年間は携帯電話を禁止され、料理や田んぼ、茶道などを学び、サヴァイバルな生活を送る。最終選考には1、2人しか残らないが、辞めてしまった生徒にも、一般社会において役立つような何かが残るようにとの意図もある。

いくら実力があっても、それがないとリングにも上がれないということがたくさんある

「世の中には、いくら実力があっても、運転免許証と同じで、それがないとリングに上がって戦えないということがたくさんある。資格や学歴を持っているだけでいい気になったりすべきではないし、それだけで安心したり尊敬されたりするのもおかしい。けれど、学歴や資格がないと挑戦すら許されないことは多い」

個性とものさし

個性は、時間をかけてじっくりと蓄積し醸成されるもの

日本では、学校教育をはじめ、様々な場面で個性が重視される傾向にある。しかし島崎氏は「日本のデザイン教育や建築教育などは、個性を重視しすぎている」と指摘する。

「その場限りの個性は意味がない。個性は時間をかけてじっくりと蓄積し醸成されるものであり、教育の現場ではもっと基本的なことを教えるべきだ」

儲かれば勝ちだとか、有名になればいいとか、そういう物差しで測れないところに人間の本当の良さがある

「最近はとにかく、儲かればいいとか、有名になればいいとか、人に憧れられればいいとか、そういう人も多い。着るものにしても、人の興味を引くために場違いのファッションをしたり、目立つためだけの行動をしたり。

それでメディアが面白い、珍しいからと取り上げると、それだけで世界から認められた気分になってしまう。儲かれば勝ちだとか、目立てばいいとか。

そういう物差しで測れないところに人間の本当の良さがあるのにね」

現代の日本では、「こうじゃなきゃいけない」という幻想に取り憑かれている人が多い

「会社や仕事、職能、また夫婦や家族のことなどもそう。メディアや慣習などに惑わされて、人は〝こうじゃなきゃいけない〟と思い込んでしまいやすいかもしれない。しかし、会社も社会も法律などもすべて人間が作ったものであり、当然正しい事ばかりではない。

本質的な部分で、これでいいんだと自分が思えるように行動すれば、だいぶ楽になるはずだ。そして皆がそのように生きることで、社会全体が変わっていくのではないだろうか」

社会がもつルールは、一人ひとりの自由を認め、各人に干渉のない生活を営むことを許している

北欧では、個人の自由を尊重しながら共存する社会を理想とするところがある。例えば広場や街路、図書館などのパブリックスペースでは、共通のルールあるいは暗黙の了解の元で、個人が自由に過ごしながらも他人の自由を妨げず、同じ空間・時間の享受を成立させる成熟した振る舞いが見られる。

デンマークでの生活を経験した島崎氏もまた、「社会がもつルールは、ルールの許す範囲での個人の自由を認め、各人に干渉のない生活を営むことを許している。その範囲内で自由に振る舞えば良い」と話す。

現代において、あの国の人は、など人を括ってものを言う者も多いが人はそれぞれだ

「現代において、あの国の人は、など人を括ってものを言う者も多いが、人はそれぞれであって、どこの大学を出たとか、中国人だ、ユダヤ人だとか、私にはそれは一切関係ない。

重要なのは人柄だ。どんなに立派な経歴があろうと、全く関係ない。ただそういうことに触れた経験を持っている人、それだけである」

なんだかんだ、人間

結局、「お前なら良いか」という信頼関係を作っていくしかない

「デンマークに滞在していた頃は、今みたいにパソコンで少し調べればすぐに出てくるような環境ではなかった。だから一人で工房など色々なところに行って学ぼうとするが、突如日本からきた者には、技術やらを簡単には教えてもらえない。極東のイミテーション大国の人間に教えるということは、ライバルを作るということだから。

結局、何度も通って話をしながら「お前なら良いか」という信頼関係を作っていくしかない。相手の得になるか、感動させるか、要するに私の人柄とか考え方、生き方を真面目に伝えていく。何をやるにしても、この過程が重要なのだと学んだ。そういう意味では、一人でのデンマーク生活は大変ではあったけれど、私の大きな礎になっている」

文化の異なる人々に、好感を持たれる立ち振る舞いができるかどうかが大切だ

「文化の異なる人々に、好感を持たれる立ち振る舞いができるかどうかが大切だ。私はそれを、仙台や栃木の疎開先で学んだ。人間関係の構築によって食糧不足を切り抜けたり、集団いじめの問題に対処したその経験が、なんのつながりもないデンマークで人脈を作るのにも役立った」

その場で人に会うことは重要

「その場に行かなくても、オンライン上で会議や打ち合わせをすることが当たり前の時代になった。けど、その場に行ってプレゼンスを示す、生身を見せるというのはやはり重要だと思う。そこに出席しているという事、ここに居合わせたという事に、大きな意味が生まれてくる」

島崎氏が特別顧問を務める太鼓芸能集団「鼓童」は、毎年佐渡島で「アース・セレブレーション」という音楽イベントを開催しており、島崎氏も毎年足を運び、地元の人たちとの交流を楽しみにしている。会えなかった年の翌年には、昨年はいらしてなかったんですか、など声をかけられることで、その場で顔を合わせる事の大切さを改めて実感しているそうだ。

なんだかんだ言っても人間だよな

「近頃の図書館は、コンピュータの活用によってリファレンスがとてもやり易くなった。でもなんだかんだ言っても人間だよな。キューレーターに誰がいるかで、図書館や美術館などがどういうスタイルになるか、その質や活動が大きく異なる。街づくりなどでも、キーマンがいるかいないかが重要で、中心人物が不在の場合は結局うまくいかないことが多い」

流行に乗っているよりも、これで良いんだと、信念を持って言える人間の方が格好いい

「流行に賛成するだけでなく、自分たちでしっかりと身につけることや考えることをした上で、さらに僕はこうしたいんだという意思を持たないといけないと思う。流行に遅れていても構わない。今の時代、流行に乗っているよりも、これで良いんだと、信念を持って言える人間の方が格好いい」

このような自身の考え方を、映画監督・小津安二郎の言葉「どうでも良いことは、流行に従う。もっと本質的なことを考えている時は、道徳に従う。芸術については、自分に従う」を引用しながら話してくれた。

「もらい上手」だなという人はいる。何かしてもらったら、喜びや感謝をきちんと伝えることも大切だと思う

「〝もらい上手〟と〝もらい下手〟っていうのはある。人に何かをしてもらった時の対応であったり、その後のフォローを蔑ろにしないことだ。

与えた側は、決して見返りやお礼を期待しているわけではない。けれど、良かれと思ってやった行為によって相手に喜んでもらえると素直に嬉しいですよね。何かあればまた手を差し伸べようう、などと思ったりするのが人の心情だから。

過剰に謝意を示せとは言わないけれど、誰かに助けられたり力を貸してもらった時には、相手に喜びの感情や感謝の意思をきちんと伝えることは大切だと思う」

日々の生活を豊かにしてくれている人々に感謝したい

「牛乳屋さん、新聞屋さん、管理人さん、宅配便の配達員さん。日々の生活を豊かにしてくれている、たくさんの人々に感謝したい。朝起きたら、玄関ドアの前に新聞や牛乳が届いている。これらは日本の素晴らしいところだ。生活や暮らしを支えてくれている人の存在を当たり前だと思っていたら、とんでもない話である。そこには人手がかかっている。

陽の目を見ない、だけど世の中を良く保つために働く人がいる。私はそういう方たちに挨拶をし、感謝の言葉をかける。この日常が続いて欲しいから、恩恵を受ける側はその有り難みを感じることを忘れずにいたい」

やはり人間は「陽性」でなければ。唯一頼りになって支えてくれるのは、自分なんだから

「こんな言葉の使い方があるのかわからないけれど、やはり人間は〝陽性〟でなきゃいけないね。自分は劣っているとか、自分が悪いんだと塞ぎ込んだり、思考をマイナスの方向に持っていくのはよくない。唯一頼りになって支えてくれる存在は、結局は自分なんだから。自らを元気付ける力が大切だ。

〝なんとかなるさ〟こういう言葉がぽんと頭に浮かぶなら、その人はきっと大丈夫だ」

結婚は、二人で支え合うことだけではない。
一人一人が自立した状態で、その上に床を作って、
そこで二人でしか成し得ないものを構築していくことだ

「もちろん、結婚は二人で支え合うことでもあるけれど、それだけで考えると歪なことになってしまう。結婚してもまずは一人一人が自立しているべきで、その上で、二人でしかできないことを人生に加えていけるのが結婚だと思う。二人で一人前ではなく、二人で二人前、できればそれ以上の力、三人前、四人前となるのが理想ではないか」

第六章

地域性

東京の中心で物事を考えていくことに
危なかしさを感じている

国民性

日本人は同一性を尊ぶ民族。異質性を包含できない国民。それは国境がないからだ

「難民が受け入れられないのも当たり前、ヘイトスピーチなどの問題もここに端を発する。日本人は、異質性を包含できない国民で、外のことを知ろうとしない。だがヨーロッパなどではそんなことは言ってられない。常に折り合いをつけながら生きてきたし、そうしなければいけない地域性や文化がある。そして現在のグローバル社会の最中では、日本も他人事ではいられない。

さあ君は、この多様性の時代をどう生きるかだ」

日本は達成主義。結果が見えないとやらせてもらえないことが多い

「日本では何かを始める際、達成できる成果を示さないとなかなかやらせてもらえない。実施前の準備段階で膨大な時間と労力を消費することも多く、前例のないことはやりにくい環境にある。対して北欧社会では、アイデア自体が良ければゴーサインが出やすいし、人への信頼がベースにあることで、提案も受け入れられやすい。進め方においても、計画には改良を加えることを前提としており、もし悪ければやめれば良いとの姿勢もあって、新たな事を起こしやすい傾向にある。しかしそこでは、相手の信頼を勝ち取るために、自身のアイデアや方針をしっかりと伝える技術が大切になる。

日本的な慎重さには良い点もあるが、より広い世界で戦っていかねばならない現代においては、これまでのやり方を改める必要があるように思う」

日本はオーバースペック。リスクを越えようとしない土壌がある

「良い点でもあるのだが、日本は何にしてもオーバースペック気味で、リスクを越えようとしない。このような土壌があることを踏まえて、物事を進めていかないといけない」

自分の意見に反対されると感情的になってしまう。
「論破する」という言葉などは、とても日本的ではないか

日本人は、自分の意見を否定されると感情的になりがちで、そのことが真の議論の成立を阻害しているように思う。対して北欧では、批判的な意見を個人への攻撃や否定とは捉えず、人格と主張を切り分けて議論を進める傾向がある。そのため、感情的にならずにお互いの意見を交わし、議論をより良く発展させていくことができる。

もちろん思考の蓄積が人格になっていく側面はあるが、考え方の相違はどこにでも発生しうるものだ。対立意見から一歩引いた目線を持つことで、より広い視野と大きな成果が導けるのではないだろうか。

「日本では意見の対立は良くないと思われがちであり、異なる意見を交わすと感情的な〝論戦〟になってしまう。しかし北欧諸国では逆に、個人の意見を言い合い、対立させながら議論を深めることで、よりよい合意形成を作り上げていく」

「〝論破する〟とはいかにも日本的な言葉ではないだろうか」

近代化と伝統

日本はスクラップアンドビルドを繰り返していていいのか。これは消費活動だ

「日本の鉄筋コンクリート造は、およそ50年で立て替えられる。古い建物を壊しては新しいビルを造る、スクラップアンドビルドを繰り返していてよいのか。これは消費活動にほかならない。ヨーロッパでは、中世のゴシック教会の内部を現代的にアレンジしながら使い続けている。これからの時代は、物理的・経済的な寿命だけでなく、文化的・心理的な価値を考えていかねばならない」

日本で起こった急速な近代化の過程において、
適切な時代変化と方法を取らなかったのではないか

「明治維新以来、日本には急速な西欧化の波が押し寄せた。ヨーロッパであれば300年も400年もかけて少しずつ変わっていくような社会変化が、わずか百数十年の間に一気に起こった。日本は工業国となって、その面からだけ見たら確かに成長したといえるでしょう。しかし私は、その過程において適切な時代変化と方法を取らなかったのではないかと考えている」

海外を知って日本を知る。京都を知って東京を知る

「東京は地方の人間の集まりで、標準語にしても、統一された日本の考え方も確立されていない。無理矢理に作らなければならない。例えば地方都市の京都では、ここは秀吉さんが造った道です、といった歴史をきちんと残している。最近京都の仕事をしているが、よく言われる一見さんお断りだとか、敷居が高いというような事はない。ただ自分たちの暮らしの有り様を示しているに過ぎない。

京都を見ていたら東京が見えてきた。これが知識のエコー効果であり、日本を知るにはまず海外を知り、海外を知るには日本を知ることが大切だと思う」

日本固有の伝統的な生活様式を見直す必要がある

「日本人は長い間、畳という肌触りの柔らかい床で暮らしてきた。家の間取りが限られているから、一つの部屋を多目的に使う必要があり、家具や仕器は折り畳みや収納ができるものを使用していた。必要なときに取り出して使い、不要のときには仕舞っておくという、見方によっては超近代的な生活様式だったのである。ところが西欧化が一気に進んだときに、日本人はこうした固有の生活様式が、何やら古臭くて時代遅れであると誤解して捨てようとした。

西欧の生活様式が浸透した今、日本の都市の限定された広さの住宅において、日中寝室は単なるベッド置き場と化している。空間利用の効率からすると、非常にもったいない。私たちは、今一度日本固有の伝統的な生活様式を見直す必要がある」

我々は、日本の良き伝統と今日の生活を調和させることを
もっと真剣にやっていかねばならない。
宝の山の上にあぐらをかいているようなもの

「今では〝デンマークデザイン〟などと称されているが、デンマークも最初はオリジナルがないところから始まった。他の国々の英知を勉強して、それらを自分たちの風土や個性に合わせてモディファイするという作業を真摯に繰り返しながら、その質を高め築き上げてきた結果が今の姿である。日本には優れた伝統がたくさんあるのに、宝の山の上であぐらをかいているようなものだ。生のままでジャパンデザインなどと誇っていて、現代風に転換できていない。デザインの色や形だけでなく、それを生み出すシステム、方法論についてもっと学ぶべきなのでは。デンマークを見習って、もっと伝統をリデザインしながら質を高めていかねばならない」

「例えば、日本のこたつは何年経っても新しくならない。現代に適応させるためには、野暮ったくない、こたつと椅子が調和するインテリアを考えるべきだ。日本の良き伝統と今日の生活の調和させることを、日本のデザイナーがもっと真剣にやっていく必要がある」

日本はもっと歴史を刻んできたもの、受け継いできたものに対して畏敬の念を持ち、その英知を学ばなければいけない

「古いものに対するリスペクトが必要。日本はその姿勢が弱いと思う。

設計競技によって１９１１年に建設されたデンマークのコペンハーゲン中央駅は、１９０５年に建てられた近隣の市庁舎に敬意を払い、互いの外観が調和するようなコンセプトでデザインされた。その駅舎は、時代とともに新しい機能が必要になっても、その都度新しい設備を加えたり、内部を改良しながら使い続けられている。誰も安易に壊そうなどとは言わない。その周辺の住宅も、築年数を重ねた木骨煉瓦造の建物が多くなっているが、光ファイバーを入れたりリノベーションをしながら住み続けている。

デンマークをはじめ北欧の人々は、歴史を刻んできたものに対して畏敬の念を持っており、その文化は市民にまで浸透している。日本でも、歴史を刻んできたもの、受け継いできたものを敬い、その英知を学ぶ必要がある。そしてそれらを今日の生活と調和させていくべきだ」

日本の生活の変遷には連続性がない。
段階的かつ断層的な激変を遂げているが、
そこには「羨望の充足」といった心理を感じ取る

「日本の生活の変遷には、連続性がないと言えるかも知れない。段階的かつ断層的な激変を平気で行ってきたが、私はその現象の中に〝羨望の充足〟といった心理を感じ取る。今まで憧れてきたものを手に入れたいという、充足を求める願望のあまり、あらゆる面において思わぬスピード感を持って転換を遂げてしまったように思う」

これからの日本

人口減少の社会をどう作るか。将来を考える創造力が必要だ

「人口減少の社会をどう作るか。これからの日本には、将来を考える想像力が必要だ。これまでの人口増の仕組みに対して、人口減の仕組みを作れば良いのだ。今までは外国を手本にしてきたが、人口減少には手本がない。だから手本を作れば良い」

目先の利益や損失に囚われて雇い止めをしている。人間を軽く見ていては、経済的な発展もない

「雇用期間を更新せずに契約を終了させる雇い止め。これが増えてきている日本は、発展途上国にとってみれば、ヘッドハンティングをするのに都合が良い国として見られる。こんなことをしていて大丈夫か。人間一人ひとりが持つ経験や知識をいかに軽く見ているかがわかる。経済的な目線だけで物事を考えていてはダメだ。もっと視野を広く持ち、30年後の日本をどうするのかを熟考しなければいけない」

国防費に予算を使うよりも、人財づくりに使った方が未来がある

「国防費で買う戦闘機は、一台にものすごい予算を使うけど、十年したらスクラップになる。戦闘機に使う何百億、何千億もの予算を、人財づくりであったり、教育や福祉などに使った方が、ずっと未来のためになる」

権力者には倫理性がない

「国会議員とか権力者というのは、人間としての倫理性がない。キックバック問題などの低落ぶりを見てもそう思う。言葉は悪いけど、〝泥棒が自分で自分を縛る縄をなう〟みたいなことになっている。そろそろ、秘書や事務方が不正をしたら、議員も処罰を受けるような連座制の制度にしなければいけないと思う」

グローバル化の中で

かつて中国から帰ってきて、おつりを投げる店員に憤慨したという人がいた。狭い世界しか知らないことの現れであり、地域性を認めない故の結果だ

「かつて中国から帰ってきて、おつりを投げる店員に憤慨したという人に多く出会ったが、それは習慣が違うのだから仕方がない。狭い世界しか知らないことの現れであり、地域性を認めない故の結果だ」

その島崎氏自身も、中国に行った際に「中国の人口の多さ、国土の広さ、地域文化の多様さなどに対し、小さな日本の国の尺度で一様に決めつけて理解した気分になることの愚かさを、深く考えさせられてしまった」と振り返っている。

そろそろ国単位で考えるのをやめたらいいのでは

「世界では、小さな土地ひとつの奪い合いによって、今なお何千人もの人が亡くなっている。同じ地球に住む人間同士が、領土の所有を争う。それにどんな意味があるのだろうか。

アメリカ人とアメリカ国家は異なるし、日本人と日本国家、中国人と中国国家は異なる。地球上の小さな土地に対して、俺の土地だとか主張し合わずに、お互いに共有する土地というのが部分的にはあっても良いのではないか。行政的に国は必要だが、そろそろ国単位で考えるのをやめたらいいのでは」

日本は、出版物に英文を入れることから始めなければならない

「日本には、世界戦略的な視点がない。例えば出版社に英語を入れないかというと、読者は日本人だからスペースがもったいないと拒否される。また、designという言葉がこれほど一般化した現在においても、著作権法の中にデザインという文言はなく、社会的な位置付けがされていない。英文で世界に伝える・世界と並ぶ意識が不足している現状を憂う」

「北欧は地理的にも資源的にも貧しい中、世界と戦うことを見据え、英語教育、デザイン、輸出品などに力を入れてきた」

先進国が競って開催するオリンピック。その本来の意義を問いたい

「これまでの歴史を振り返ると、オリンピックや万博などは、発展途上国を押し上げる役割を担ってきた。日本も例外なくその恩恵を受けた身である。本来であれば、そのような意義を持ってやるべき大会だ。お金のある国が、自分たちの更なる発展のために必死に招致活動をするのには疑問に思う」

これからは国境を越えたギブアンドテイクが大切

河口湖の湖畔に佇む、木工を学べる施設や工房などがある「まなびの杜」。島崎氏も長年携わってきたNPO法人で、海外に向けた日本の木工技術を学ぶ場を提供するなどの活動を続けている。その際、自国の木工技術の情報や資料を持ち寄ってもらい、国境を越えたギブアンドテイクによって、世界の木工技術を学べるような施設に発展させようとしているそうだ。

これは、氏自身の経験に基づく方法でもあるようだ。「デンマークにいた頃、デザインを学ぶための手立てとして、王立アカデミーのオーレ・ヴァンシァの教室で日本の造型や素材産業などのセミナーを定期的に開催することにした。結果とても多くの人が関心を示し、ギブアンドテイクの形で、与えた分の知識をこちらにも返してくれた。そのことが認められ、もう一年居ないかと滞在期間を延長することができた」

現代の日本に悲観ばかりしている訳でない

現代の日本に悲観ばかりしている訳でない。選択の自由は広がり、社会への参画の機会も増えており、輝ける未来へ向けて期待している部分も多い。

スピードや効率を求めた時代から一転し、若者が車を持たなくなったり、農に興味を持つ人が増えている事は、よい兆しに思える。

過疎は力だ

月並みな言い方だが、これからは地方の時代

「今では、地方においても物流や情報のスピードは早い。東京にも負けず劣らずではないかと思う。商売をやるにしても、東京のように流行をまとめて売るだけでなく、それぞれの個性を出すお店も多い。生活デザインや設計分野などの作り手からしても、スペースはあるし、これから発展させていく土壌もある。自動車は持たざるを得ないが、駐車場も安い。一方東京では車を持つのが大変だ。

中核都市なら、通販でものが巡るし、モビリティがあり、メディアがある。

これからは地方の時代だ」

裏日本を活かしていくことをもっと考えなければいけない

「金沢、島根、鳥取など裏日本と呼ばれる地域がある。明治以降の近代化を急いだ政府が、太平洋側を中心に発展させていった為に、このような無礼な名前がついたのだ。しかしその実は、民芸が盛んで、中国や朝鮮から届いた新しい文化と共に栄えていた魅力ある地であった。それらを活かしていくことを、もっと考えなければいけない」

東京の中心で物事を考えていくことに危なっかしさを感じている

「私は根っからの東京人ではある。しかし最近、東京の中心で物事を考えていくことや、根無し草のまま不遜にも上から目線となっていることに、危なっかしさを感じている。団塊の世代のDNAには、やはり東京でなければという意識が残っていて、東京コンプレックスがあるのでは、とさえ思ってしまう。一方最近の若者は、東京には居るけど帰っていく傾向もみられる。東京でなければいけない理由がないなら、去っていくのは当然だと思う」

過疎は力だ。まずは内側の幸せ感、ニコニコ感、充実感が大切

「過疎は力だ。地方、離島などの過疎地が、わざわざ世界にPRする必要はない。興味を持つ都会の人達が少し来れば、離島なんてすぐに満杯になり、経済は成り立つ。政府は外貨の獲得とかいうけれど、その前にまずは内側の幸せ感、ニコニコ感、充実感が大切だと思う。

そこに住む人達が生き生きとして、ニコニコして、満足な気持ちを持っていたら、その姿を見て、続く世代の者達もやる気になる」

田舎が面白い。そこにその国の本質が見て取れる

島崎氏は、デンマーク滞在時期、ヨーロッパ中を一人で車で巡り、色々な地域を訪れていた。ある田舎の地域にて、街の中心のパブに宿泊した際、そこには住民らが集うにぎやかな場が形成されていた。その人たちの幸福そうなふるまいから、その国の本質が垣間見えたという。

第七章　もの

ひと手間を加えることで
生活が美しく、人生が豊かになる

〝もの〟の心

ものにはものの心がある

「ものにはものの心がある。人に人格があるように、ものにはものの品格もある。お互いに共振して響き合うものと心、その関係の豊かさこそが人間の文化だ」

ものとの縁は、君がつくったものだ。縁を続けるのもミッションである

「ものを選ぶのに、価格やブランド、有名デザイナーが関わっているかなどは重要ではない。例えばあなたが、色や形、サイズ感、あるいは故郷に縁のある作品であったなどの理由で、ある茶碗を手に入れたとしよう。するとここに、君とものとの縁が生まれるんだ。この縁を続けるのも所有者のミッションである。昨今「断捨離」なんて言葉が流行っているが、自分の選択を否定し、軽々しく扱っているように思えてならない。

一つの気に入った道具を長い時間をかけて使いこめば、染みこんだ手のあぶらでさえいつしか輝きに変わってくる。世間ではエコロジーが声高にうたわれ、リサイクルの重要性が叫ばれているが、使う人とものとの間に思い出の歴史が刻まれたとき、ものを手放すという行為は、身を切られるような悲しさを伴うはずである。

そのものと初めて出会ったとき、それがどれだけ自分の胸の奥底と共鳴するものであるかを確認してから、手に入れる行為に移るべきだと考えたい。

人との出会いやものとの出会いは、さまざまな縁により必然性がある。
縁に気づかないままに暮らしていくことは、
ものにとっても人にとっても不幸なことなのである

毎日使うものだからこそ、注意を払う必要がある

「毎日使うものだからこそ、注意を払う必要がある。毎日使うものだから関心をもち、関心をもつと知識が増える。知識が増えてくるとその歴史や背景がわかり、自分との縁が見えてくる。例えば一脚の椅子を持っていたとしよう。自分の生きてきた時間と、その椅子が登場した時間の間に、さまざまな縁を感じ重ね合わせることができる。生活の道具だから当然傷もつくだろうが、その傷ひとつとってみても、思い出と愛着に変わっていく」

長く使えば使うほど、思い出とともに美しさが生まれてくる。

そんな道具こそ、生活道具として真の価値があると言えるのではないか

「大量生産が可能な工業製品は、完成時が一番美しく機能的だ。しかしながら、日々使用する生活道具に求められるのは、年月を経ることによって愛着が増すような美しさである。

日本には工業製品、全国製品があふれており、生活の道具が均一化してしまった。ものに限らず家屋までも、気候風土や生活習慣による差異のない画一的なものになっていった。

長く使えば使うほど、思い出とともに美しさが生まれてくる道具こそ、生活道具として真の価値があると言えるのではないだろうか」

価値あるものとは

価値のあるものを手に入れるためには「自分が選んだんだ」ということが大切

ものを選ぶには、自分の生活を基準にすれば良い

価値あるものを手にするための審美眼は、一体どうやって養ったらいいのか？このような問いに対して、島崎氏は次のように答えてくれた。

「良い悪いというよりも、好き嫌いでいいんですよ。大切なことは〝自分が選んだんだ〟ということ。それは結局、自分を大切にするということにも通じてくる」

「人間の生活の基本的な部分は、50年、100年、200年と変っていない。ものを選ぶには、自分の生活にとって何がよいかを基準にすれば良い。みんなが持っているから持ちたい、それでは文化は育たない」

ものの価格と価値

「質の高いものには高い値段がつくことは多い。そして、高価でも長い間売れ続けている商品がある。なぜロングセラーであり続けるのか、価格が高いということはどういうことなのか。そこには必ず理由があり、そこを考えることが大切だ。

しかしながら、高価だから良いと言うことではない。質が同じものであればもちろん安い方が良い。私は安いものを否定したいわけではないし、１００円ショップも利用する。例えばゼムクリップだとかキャンドルとか、どこで買っても品質が同じであれば１００円ショップでも問題ないわけだ」

椅子などを選ぶ時にはチグハグでも良いと考える。
そこには、モダニズムには生まれ得ない居心地の良さや温かさ、そして折衷の美がある

「近代以降、空間やモノを全面的に決定づけてきたのは、モダニズムのデザイン理論だ。しかし〝統一性〟や〝シンプル〟を重んじるモダニズムの尊守が、必ずしも居心地の良さにつながっていたわけではない。

私は、椅子などを選ぶ時にはチグハグでも構わないと思っている。家族の一人一人が自分の体形や好みにあった椅子を選べば良い。一つの空間に集められた、形も性格も違うもの達が、呼応し合って独特の雰囲気と調和を生み出すことがある。そこにはモダニズムには成し得ない居心地の良さや温かさ、そして組み合わせによって生まれる折衷の美がある。

モダニズムは削ぎ落とされた美しさだ、と言った人がいたが、削ぎとらぬ美しさもあるのではないか」

本当の豊かさには、身近なものの内容と
気持ちを豊かにするものとの関係性が必要だ

見るものは見た、使うものは使った。だけど豊かな気がしていない

「質のある暮らし、良い暮らしとは、自分の愛着のあるものに囲まれた生活ではないか」

「バブルの時代に、〝見るものは見た。食べる物は食べた。行く所へ行った。ものも持った。だけど豊かな気がしていない〟という風潮があった。本当の豊かさには、身近なものの内容と、気持ちを豊かにするものとの関係性が必要だが、それに皆気が付いていなかったのだと思う」

人間は一回使うと、もっと良いものに目が移る。そして関心を持つと知識が増える。ＩＫＥＡはその意味で、未開墾であった地を耕してくれる大きな存在だ

ある講演会で、ＩＫＥＡの品質と価格について触れたことがあった。

「現在の日本におけるＩＫＥＡの存在は、これまでに家具やデザイン用品に興味がなかったり、手が出せなかった人たちへ働きかけ、未開墾の地を耕してくれているようなものだ。そしてＩＫＥＡの商品を使用した人たちは、より良いものへの興味や理解が高まり、合わせてメーカーもより質の高いものを作るようになり、全体の水準が上がるという循環が生まれる。ひいては、それがロングライフデザインへとつながれば素晴らしいと思う」

日進月歩のテクノロジーに対応するものは、やがて消えていく

日本を代表するデザイナーである豊口克平は、「一生に一脚でも、後世に残る椅子ができればよいなあ」とよく言っていたというが、豊口事務所が手がけたもので、現在も残っているのは木製の椅子しかないそうだ。かつてデザインした顕微鏡、胃カメラ、赤電話など、テクノロジーに頼ったプロダクトは全て現存していない。

そのような例を示した上で、「私の専門とする生活デザイン、すなわち人間生活の基本になっているものは決して無くならない。だから興味を持って研究しているというところもある」と、自身の専門分野の普遍性を語ってくれた。

リペアの時代

使い捨ての時代は終わった。これからはリペアの時代

島崎氏はかつて、東急ハンズの立ち上げなどに関わり、自分の手で創造する文化とシステムを提唱した。そのような歴史を経て、これからはリペアの時代だと話す。ダニエル社が１９９８年に開設した『家具の病院』という修理サービスの立ち上げにも関わったが、当時は、修理をすると新品が売れなくなると言う人が多くいた。しかし今では多くの需要があるようだ。

「フランスでは２０１９年に修理の義務づけが法律化されたり、ベルギーやオランダでは、公民館などで定期的にリペアカフェが開催されていて、世界ではもうそういう時代転換が行われている。日本でも今、金継ぎ文化が浸透してきており、良い流れだと思う」

ものを直すということは、質の高い社会をつくっていくことにもなる

ものを直そうと思う人は自分を大事にしている人

「ものを直すということは、質の高い社会を形成していくことにもつながる。作る方も、それを踏まえて勉強しなくちゃいけない。そしてお客さんも、ただお金を払って修理してもらえばいいというわけではない。そのものに対する自分の理想を、直す人に説明する必要がある。そうした中で、これを直すためには、あるいは作るためには、これだけの知恵と時間、お金がかかっているんだ、ということを学んでいく機会にもなる」

「ものを大切に思い、痛んでくれれば直そうと思う人は、自分を大事にしている人。自分の人生を、生活を大切にしている人と言える。そしてそういう人は、他人を大事にする心も持っているのだ。ものを簡単に使い捨てるような時代になってしまったが、それは自分を大事にしない人が多いということでもある」

京都に手直し横丁なんかできないだろうか。他にも可能性は色々と広がる

「京都には、おもちゃ、時計、陶器ほか、いろいろな修理屋が存在するので、それらを集めて、手直し横丁を作りたい。定年等で職を失った人、技術や知識を持った人がたくさんいるのに、もったいない。そのようなネットワークを日本全国で作りたい」

デザインは消費作業ではない。
デザイナーのすべきことは、長く使えるロングセラーを生み出すことだ

「デザインは消費作業ではない。デザイナーのすべきことは、長く使える、いつまでも飽きないものを作ることで、ロングセラーを目指すべきだ」と言う。そして「煩雑なデザインは、どの立場の人間も飽きがくるのが早い。ロングセラーとは、作り手も売り手も、そしてデザイナーも飽きないものである」と説く。また島崎氏は、良い椅子の条件の一つに「永遠性」をあげている。「昨今のデザイナーズウィークなどは、毎年デザイナーやメディアが競って目新しいものに躍起になり、次の年にはそのデザインが消えている。これでは良いデザインは生まれない」

質のよいものを末長く使う

「北欧では、質のよいものを末長く使うという思想がある。質の良いものはそれなりに価格も高いが、高価な家具や照明器具などを何代にも受け継いで大切に使っていく文化がある。そういう前提で価格について考えるのも大切である」

単純に計算して、２００万円の自家用車を10年で乗り捨てると、一年間で20万円になる。同様に、50万円の椅子を50年、１００年と代々使うとすると、一年間あたりの費用は1万円や5千円ほどだ。このように考えて、毎日の日常を豊かにしてくれる50万円の椅子を、高いとみるか、安いとみるかである。

日用品を豊かに

〝生活の日用品を美しく〟と言う思想に、私はかぎりなく共感を抱く

「グレゴール・パウルソンが提唱した、〝生活の日用品を美しく〟＊という有名な言葉がある。私は、今日まで脈々と続くこの北欧の伝統的な思想に、かぎりなく共感を抱く。

自分にとっての良いもの、本物とは何かということを問いつづけ、本当に美しい日用品を日常生活に定着させていくことを、これからも考え続けたい」

＊スウェーデンの美術批評家であるグレゴール・パウルソンが1919年に発表した同名の書籍（原題：Vackrare vardagsvara）が元になっており、後に国を挙げたデザイン改革運動のスローガンとしても掲げられた。

日常性の質を高める努力が、われわれを豊かにしてくれる

「日常性の質を高める努力がどれだけわれわれを豊かにしてくれるか、ということに気付かなければならない。これまでは、目を引かれる非日常的なものに重きを置くばかりに、その対極にある地味なもの、平凡な日常生活は軽視されてきた。しかし、身辺が良くならなければ自分の生活も良くならない。ホテルを豪華にしたり高速道路をたくさん作ったところで、生活が豊かになるわけではないということは、もう多くの人が気づいているでしょう。

これからは、生活者の視点をもっと大切にするべきだ。しかしながらその資質は、最初から持ち合わせているわけでない。大切なのは、自分で自分の暮らしにもっときめ細かい心配りをすること。分かったつもりになっているようで、ないがしろにされている部分が見つかるはずだ」

ひと手間を加えることで、生活が美しく、人生が豊かになる

島崎氏は「日常生活において、ひと手間を加えることが、生活を美しく、人生を豊かにする」という考え方を、デンマークのデザイナーであるポール・ケアホルムの話と共に示してくれた。

ある日のケアホルム家の食卓で、長男が、テーブルに牛乳パックをそのまま置いたことがあった。父は「ミルクピッチャーに入れてきなさい」と注意するが、長男は「めんどくさい」と言い放つ。そんな彼に対して、ケアホルムは

「その面倒くさいと思う事柄にひと手間を加えることが、テーブルを美しくするんだ。そしてお前の人生をも素晴らしくするのだ」と語ったという。

自分の手で創造する文化とシステムを

東急ハンズが始まった１９７６年当時、釘などの建設材料は、施工業者等への大量販売しかされていなかった。そこで島崎氏は、個人が使用する単位で少量販売するを提案し、その企画の立ち上がりにも携わった。

自分の手で創造する文化とシステムは、その後「ＤＩＹ」という呼称とともに一般化し、多くのホームセンターなどが追随した。最近の物件では、自らリノベーションができることを売りにしているものもある。自分の手で作ることの楽しさが、創造する文化全体を底上げしているように感じる。

今の時代、省くための手間がビジネスになっている

「今の時代、日常生活にかかる様々な労力を削減することが求められている。省略すべきその手間が商売になるという、〝手間ビジネス〟の世界で生活をしているわけだ。炊飯器などの電化製品や、カット野菜などもそうで、面倒な作業を省くことで商品化、製品化がされている」

手間をかける、そのプロセスにこそ生まれる価値を、われわれは失ってしまうのではないか。そんな思いも湧いてくるが、それに対しては

「しかし、それは悪いことばかりではない。例えば、規格外の野菜をカットしてサラダ用にすれば、廃棄食材を減らすことができる。人々がその原物を知らなくなるというデメリットはあるが、そういう分野を広めたことは、僕はプラスだと思う」とも捉えているそうだ。

生活デザインは、内側からの発想が大切

「インテリアデザインとはすなわち〝生活デザイン〟だ。目に見える形や色の美しさが重要なのではなく、その中に住み暮らす人を中心に据えて、その人に寄り添ったデザインがどれだけ投影されているかが肝要なのである。そこでは、人の手の触れる一連の作業ひとつひとつに注目した内側からの発想が大切だ。皿洗い一つをとっても、洗いやすく収納しやすい器のデザイン、身長や収納量を考えた食器棚、掃除のしやすいキッチンのかたちなどが見えてくる。このように、内側から立体的に考えていくことが生活デザインの要だと思う」

どれだけ良い質の住宅があるかが、その国の一つの水準となる

「ある国際会議で、『その国の〝建築力〟は何をもって評価できるのか。超高層ビルや、巨大な公共建築の多さだろうか。私は違うと思う。結局は、どれだけ良い質の住宅が設計されているかが、一番重要なのだ。スカンジナビアの建築家が胸を張っていられる理由は、そこにある』と言われたことがある。

日常生活の多種多様な動き、内容を包含する住宅を設計することはある意味で大変だが、その国の建築の水準がそこに現れる。そしてこの事は、私たちの生活の水準でもある」

自然をまず認め、その上に人間の生活をどう融和させ得るかが重要

「西欧では、自然は人間との対立物として征服する姿勢をとる。一方北欧は、自然を受け入れ共存しようとする。厳しい自然という絶対的なものの中で、どう豊かに暮らしていくかを熟考してきた歴史があるからだ。

かつての日本では、高温多湿、多雨などの自然条件を受け入れた上で、自然と共生する文化があった。しかし現代ではその逆を行っている。生活の道具が均一化して、工業製品、全国製品になりすぎた。家屋までも、気候風土に関係なく、生活習慣に関係なく作られていった。まずは自然を認め、その上に人間の生活をどう融和させ得るかを、今一度考える必要があるのでは」

北欧デザインの特質の一つに「トータルデザイン」がある。本当に良い空間は、細部に至るまで全てが考え抜かれている

建築が設計される際、家具、照明器具、テキスタイル、時にはカトラリーに至るまで、その環境を形作るあらゆる要素を建築家自身が手がけることがある。この「トータルデザイン」に関して、ヨーロッパにおいては中世のゴシック、ジョン・ラスキン、ウイリアム・モリスの思想や実作を用いて語られることが多い。特に北欧では、近代以降の建築家であるエリエル・サーリネン、アルヴァ・アアルト、アルネ・ヤコブセンらにその志向が強く見られる。そしてそこから生まれたデザインが、後にプロダクトとして発売されることも多い。

自ら空間を設えることで、自分にとって豊かで質の高い生活ができる

北欧の人たちは、自分で自分の空間を設えることが好きであり、そのことに長けてもいる。引越し先の新しい部屋には自分で選んだ照明器具を設えるし、日常的にキャンドルや花などを用いて室内空間を豊かに演出している。

日本では、分譲マンションでも賃貸の部屋でも、既製品の照明が付いていることが多く、そうでないと買い手や借り手が付きにくいらしい。

「住環境に関して、日本人は与えられたものの範囲でしか考えない傾向にあるが、自ら空間を設えることをもっとすべきでは。そうすると住空間に愛着が湧いてくるし、物や空間を見る目も養われる。そして何より、自分にとっての豊かで質の高い生活が実現できる」

日本の風土で、日本人の暮らし方で、デンマークでいう〝ヒュッゲ〟を実践してほしいと思う

最近注目されることも多いデンマークの言葉「ヒュッゲ」。居心地がいい空間、楽しい時間、というような意味合いであるが、とある講演でこのような考え方を述べていた。

「僕は、日本の風土で、日本人の暮らし方で、ヒュッゲを実践してほしい。北欧がこうだから日本もこうするべきとか、そういうことではないと思うんですよ。知識としては持ちながらも、日本では日本なりの、皆さんは皆さんなりの、心地よさを考えていけばいいのではないでしょうか」

日本でヒュッゲの話題を出すと、デンマークに行かないとヒュッゲになれないのか、灯りをつけてそこで集うとヒュッゲになるのか、どういう状況が該当するのか、など事細かに知ろうとする人が多い。しかし、その形に囚われている事自体が、ヒュッゲとはかけ離れているように感じる。

ヒュッゲは個人の心の持ちようで、自分軸において居心地の良さを感じられればそれで良く、北欧の人たちも、皆それぞれ違う形でヒュッゲの空間や時間を楽しんでいる。

年収がいくらあると幸せだとか、どんな仕事をすれば認められるだとか、人はどうしても評価の軸を外部に持ちがちになる。一番大切なのは、自分の中に評価軸を持って生活していくことなのだ。

良いものだからといって、必ずしも世に広まるものではない

「良いデザインだからといって、必ずしも世に広まるとは限らない。デザイナーの努力に加えて、その理念と質に心を引かれた生産者と、同じくそれらに共感して努力を惜しまぬ販売者、この三者のチームワークがあってこそ流布されていくのである」

その真面目さを、もう1度取り戻すべきだと僕は思っている

「椅子などの生活用品のデザインなどに関して、ミッドセンチュリーの頃には、デザイナーたち、業界の人たち、それを作るメーカーなど、誰もが真面目で一生懸命だった。ただ売れればいいとか、儲けるためじゃなく、人々の生活を良くしたい、できるだけ価格を抑えて、豊かな暮らしを皆が送れるようにしたい、という一心であった。そして売る側の人間も、それを勉強して売り込んでいた。皆貧乏だったけれど、皆が同じ星を見つめてやっていたように思う。

それが今では数字重視になってしまって、展覧会で売れなかったら取り下げるだとか、新しいものを生み出すことに躍起になっていて、デザイナーもデザインも消耗品に成り下がった。

それ以前の真面目さを、僕はもう一度取り戻すべきだと思っている」

優れたデザインの多くは、デザイナーの自邸から生まれている

「黄金期の北欧の椅子などの例をみると、優れたデザインの多くは、デザイナーの自邸から生まれている。自分のために毎日使うものを作るから、使いやすく、飽きの来ないものを作らなければならない。〝使い手のためのデザイン〟というスタンスが徹底されるからだ」

〝作り手のためのデザイン〟が多い昨今だからこそ、その原点を改めて認識すべきである。

わかりやすいもの、ヒューマンなものに現代人は枯渇しているのでは

「文明が進化し、さまざまな工業製品が多く出てきているが、周りを見渡してみると、人間的なものはどんどん無くなってきている。その構造も仕組みもブラックボックス化しており、故障したらそこで終わりで、修理する技術もおろそかになっている。製品を人が使っているようでいて、実は製品に使われているような不気味さがある。

このような背景があるから、わかりやすいもの、ヒューマンなものに現代人は枯渇している。近頃では椅子に注目が集まっているが、椅子は古来、人間の生活と同時に存在してきており、その構造も仕組みも一目でわかるものだ。現在の多くの既製品の在り方に対するアンチテーゼとして、椅子への関心があるのではないかと思う」

デザインの領域において、真理の探究をするのであれば
それは人間の生活と人間の情感を追求すべきだ

ものデザインも大切だが、使う人間側の成熟も今の日本には必要に思う

結

これから

老いを受け身でなくポジティブに捉える。
自分のためという意味で、ゴールを設けてやっていく

2024年6月25日で92才を迎えた島崎氏であるが、老いについては前向きに捉えている。

「人はいつかは死ぬ。体力や能力の老いは自然なこと。だから、これから直面するであろう問題への対応力が一番大事。それがあれば問題ない。ただそれだけのこと。

年齢を重ねたことで、様々な問題に対応する知識や知恵は増えているんだから、老いを受け身でなくポジティブに捉えることが大切」

「組織の定年などの節目は、老いに大きな影響を与えうる。この年齢になると、そういう外から決められたことではなく、自分のためのゴールを自分に与えていくことも大切になってくる」

一つ目のミッションはほぼ完遂した。二つ目はこれからも続けていく

かつてデンマークから帰国した際に、自らに与えた二つのミッションの遂行について尋ねた。

一つ目の「デンマークの優れた生活デザインを日本に持ち帰り、その技術や思想も含めて伝承することで、日本のデザイン水準を高める」というミッションはほぼ完遂したが、二つ目の「いち早く世界に誇れる民主的な高福祉国家となっていた小国デンマークを儀表とし、それを達成した国民の意思による国づくりの努力と経緯を、日本の国情に合うように伝える」という任務に関しては、まだ道半ばだとし、今後も続けていくとの考えを示した。

昔やってきたことに、まだ未来があることは嬉しい

これまでの道程を振り返り、「こうやって自分の過去を思い起こすと、昔やってきたことに未来があるということは嬉しいし、まだまだ生きねばならないという気持ちにさせられる」と話してくれた。

1985年に、一生もので終わらない〝一生もの〟を目指して島崎氏がデザインした「味わい鍋（文化軽金属鋳造株式会社）」は2023年より、塗装を剥がしてフッ素樹脂を掛け直す「再加工・修理サービス」を始めるとともに、リニューアル発売した。

また、2006年に北欧での展示会に合わせ出版した書籍『日本の椅子（誠文堂新光社）』も2025年明けに再出版されるそうだ。

普遍的なデザインやサービス、文化や情報は、時代が移り変わっても必要とされ続けるのである。

味わい鍋［提供：株式会社藤栄］

新たなミッションとして、先人に対する感謝と尊敬を現代に活かしたい

そして最近は、さらに新たなミッションとして「製造中止になっている日本の秀れたデザインの椅子を、正統な姿で製造し再び世に販売することで、多くの人々の使用に供する」という目標を掲げた。自身が教えを受けた先達のデザイナーに対する恩返しをしたいとのことである。すでに、折りたたみ式デザインの椅子「ニーチェア」を、最高品質と適正価格をもって全世界へ再販させることに成功しているが、「あれが実現できたのは、本当に幸せなことだった」と振り返る。

現在は、日本の近代椅子の第一号とも言われる渡辺力の「ひも椅子」を多くの人に使ってもらえるように活動をしており、２０２５年には国内で製造販売が始まる。

氏は「先人に対する感謝と尊敬を現代に活かせること」をミッションのフレーズとしている。

上：ニーチェアエックス［提供：株式会社藤栄］
下：ひも椅子［撮影：加藤晋平（モノ・モノ）］

島崎は好きなことをやってきているから悔いはないでしょう、と人によく言われるが
まだまだ多くをやり残してるし、やりたいことはたくさんある

生きているということ、自分が存在しているということは、
しなければいけないことがあるということ。
だから、縁を感じたら人に会ってみたり、とにかくやってみる。
それも一生懸命やることです

あとがき

小泉　隆

我々、北欧を愛する者、北欧デザインを研究する者にとって島崎信先生は、日本において北欧デザイン研究の基盤を構築し、また北欧諸国とのつながりをつくってくれた特別な存在である。

私が北欧デザインの研究を始めて軌道にのってきた頃、２０１１年3月11日に東日本大震災が起きて大きな衝撃を受けた。非力ながらも被災地に対して何かできないかと考えた結果、北欧をテーマにしたトークショー、展示会、バザーなどのイベントを行い、その収益を被災地に送る「北欧展」と呼ぶチャリティイベントを10年間続けた。２０１２年に、「北欧展」で是非、島崎先生の話を聞きたいと思い、電話でお願いをした時に「北欧の素晴らしさを伝えるためならばどこへでもいく」と言って快諾頂き、只々カッコ良いと思ったことを記憶している。そして、もののデザインのことを語りながらも人生や哲学にまで通ずるその講演に一気に惚れ込んでしまい、3年間連続して福岡にて講演をして頂いた。その頃より島崎先生の言葉をまとめて、一般の多くの人にも読んでもらいたいと思い始めていた。

２０１６年10月3日、神保町の島崎信事務所に初めて呼んで頂きゲストノートへ記載をする際、目を盗むように緊張しながら「お会いするたび、その時間・場所が私にとって貴重な学びになっています。いつか島崎先生の本を書かせて欲しい」などと記したことを思い出す。

それから当初予定よりもだいぶ年月が経って、やっと本書を刊行できることになったが、その間、２０１７年京都で開催した「北欧展」、２０１９年に新宿オゾン・長野県小海町で開催させて頂いた「北欧の灯り展」などの様々な状況・場所でご一緒でき、たくさんの話を聞くことができた。今思えば、本書の刊行に長い時間がかかったことでより多くの言葉が掲載できることになり、結果良かったと思う。

一方で、お会いするたびに新しい話をうかがえ、記すべき内容が増えて、どこかで区切りをつけないと終わらないという思いにも悩まされた。これからまだ増えていくと思われるミッションなども気になるが、ひとまずここで一区切りとさせて頂いた。

島崎先生の深く且つ幅広い思考や活動、その大きな存在において、本書で私が記せた内容はほんの一部分に過ぎないと思うが、先生の言葉を多くの人々に知って頂き、各人の生き方・暮らし方を豊かにすること、ひいては社会をよい方向に導くことにつながれば本望である。これからの島崎先生のますますの活躍を祈念して筆をおきたい。

著者：小泉 隆　Takashi Koizumi

九州産業大学建築都市工学部住居・インテリア学科　教授　博士（工学）。
１９６４年神奈川県横須賀市生まれ。１９８７年東京理科大学工学部建築学科卒業、１９８９年同大学院工学研究科修了。１９８９年東京理科大学工学部建築学科助手、１９９９年より九州産業大学工学部建築学科、２０１７年４月より現職。２００６年度ヘルシンキ工科大学（現：アアルト大学）建築学科訪問研究員。２０１７年10月より日本フィンランドデザイン協会理事。２００５年の北欧での1年間の生活を機に北欧の建築やデザインにのめり込み、その後北欧諸国に足蹴にかよい、実体験をもとに撮影した写真とともに、照明、インテリア、建築、街などを対象に、それらの魅力や豊かさを紹介する本を多数刊行。

【主な著書】
ヒュッゲな暮らしをデザインする　北欧のあかり（パイ インターナショナル、２０２５）、北欧の美しい図書館（エクスナレッジ、２０２４）、北欧のパブリックスペース　街のアクティビティを豊かにするデザイン（２０２３）、北欧建築ガイド　５００の建築・都市空間（２０２２）、アルヴァ・アアルトのインテリア　建築と調和する家具・プロダクトのデザイン（２０２０）、北欧の照明　デザイン＆ライトスケープ（２０１９）、アルヴァ・アアルトの建築　エレメント＆ディテール（２０１８）、北欧の建築　エレメント＆ディテール（２０１７）（以上、学芸出版社）、北欧のモダンチャーチ＆チャペル　聖なる光と祈りの空間（バナナブックス、２０１７）、フィンランド　光の旅　北欧建築探訪（２００９）、アルヴァ・アールト　光と建築（２０１３）（以上、プチグラパブリッシング）

付記

本書は、島崎信氏の主な著書や参考資料、そしてインタビュー、講演会での内容を元にしたものであるが、その関係付けについては、複数にまたがるものもあることから省略させていただいた。それら書籍・資料の関係者へは敬意を表したい。

島崎信の言葉に学ぶ　現在とこれからの生き方・暮らし方

2025年4月18日　第1刷発行

編著者——小泉隆
編集協力——日高暢子
発　行——日本橋出版
〒103-0023　東京都中央区日本橋本町2-3-15
https://nihonbashi-pub.co.jp/
電話／03-6273-2638
発　売——星雲社（共同出版社・流通責任出版社）
〒112-0005　東京都文京区水道1-3-30
電話／03-3868-3275

ISBN 978-4-434-35114-3